영역	과목	교재	예비 초등			1-2학년				3-4학년				5-6학년				예비중등	
쓰기력	국어	한글 바로 쓰기	P1	P2	P3														
			P1~3_활동 모음집																
	국어	맞춤법 바로 쓰기				1A	1B	2A	2B										
어휘력	전 과목	어휘				1A	1B	2A	2B	3A	3B	4A	4B	5A	5B	6A	6B		
	전 과목	한자 어휘				1A	1B	2A	2B	3A	3B	4A	4B	5A	5B	6A	6B		
	영어	파닉스				1		2											
	영어	영단어								3A	3B	4A	4B	5A	5B	6A	6B		
독해력	국어	독해	P1	P2		1A	1B	2A	2B	3A	3B	4A	4B	5A	5B	6A	6B		
	한국사	독해 인물편								1 ~ 4									
	한국사	독해 시대편								1 ~ 4									
계산력	수학	계산				1A	1B	2A	2B	3A	3B	4A	4B	5A	5B	6A	6B	7A	7B
교과서 문해력	전 과목	교과서가 술술 읽히는 서술어				1A	1B	2A	2B	3A	3B	4A	4B	5A	5B	6A	6B		
	사회	교과서 자료 독해								3-1	3-2	4-1	4-2	5-1	5-2	6-1	6-2		
	수학	문장제 기본				1A	1B	2A	2B	3A	3B	4A	4B	5A	5B	6A	6B		
	수학	문장제 발전				1A	1B	2A	2B	3A	3B	4A	4B	5A	5B	6A	6B		
창의·사고력	전 과목	교과서 놀이 활동북	1 ~ 8																
	수학	초등 수학 놀이 활동북	1 ~ 10																

* 완자 공부력 신간은 계속해서 출간됩니다.

세상이 변해도
배움의 즐거움은
변함없도록

시대는 빠르게 변해도
배움의 즐거움은
변함없어야 하기에

어제의 비상은
남다른 교재부터
결이 다른 콘텐츠
전에 없던 교육 플랫폼까지

변함없는 혁신으로
교육 문화 환경의 새로운 전형을
실현해왔습니다.

비상은 오늘, 다시 한번
새로운 교육 문화 환경을 실현하기 위한
또 하나의 혁신을 시작합니다.

오늘의 내가 어제의 나를 초월하고
오늘의 교육이 어제의 교육을 초월하여
배움의 즐거움을 지속하는 혁신,

바로, 메타인지 기반 완전 학습을.

상상을 실현하는 교육 문화 기업 비상

메타인지 기반 완전 학습

초월을 뜻하는 meta와 생각을 뜻하는 인지가 결합한 메타인지는
자신이 알고 모르는 것을 스스로 구분하고 학습계획을 세우도록 하는
궁극의 학습 능력입니다. 비상의 메타인지 기반 완전 학습 시스템은
잠들어 있는 메타인지를 깨워 공부를 100% 내 것으로 만들도록 합니다.

완자 공부력

낱말 퀴즈 카드

이 책에서 배운 서술어를 확인하는 낱말 퀴즈 카드입니다.

국, 수, 사, 과 교과서 문장의 빈칸에 공통으로 들어갈 서술어를 맞혀 보세요.

과 수레에 물건을 [   ].

국 발표 자료에 친구가 찍은 사진을 [   ].

ㅅㄷ

수 20을 나타내는 수 모형에서 10만큼을 [   ] 낸다.

국 환경 오염에 대한 부담을 [   ].

ㄷㄷ

사 이야기가 [   ] 내려온다.

국 글을 써서 친구에게 마음을 [   ].

ㅈㅎㄷ

과 다람쥐가 나무를 [   ].

국 화채를 만들려면 물에 꿀을 [   ].

ㅌㄷ

과 식물의 생김새를 관찰하여 [   ].

수 200미터 배영에서 3분을 [   ].

ㄱㄹㅎㄷ

수 종이를 두 번 접으면 각이 [   ].

과 배추흰나비의 알이 옥수수 처럼 [   ].

ㅅㄱㄷ

사 우리는 다양한 장소에서 [   ].

과 펭귄은 추울 때는 서로 몸을 맞대고 [   ].

ㅅㅎㅎㄷ

사 주변의 장소를 상황에 맞게 이용하면 [   ].

과 등산할 때 등산화를 신으면 [   ].

ㅍㄹㅎㄷ

과 받침점 위의 나무판이 수평을 [   ].

국 사람은 소금이 있어야 생명을 [   ].

ㅇㅈㅎㄷ

국 장독을 소중히 [   ].

사 공공 기관은 국가에서 [   ].

ㄱㄹㅎㄷ

덜다

싣다

타다

전하다

생기다

기록하다

편리하다

생활하다

관리하다

유지하다

뽑히다	급하다
거치다	구하다
헤아리다	본뜨다
활용하다	비슷하다
검색하다	저장하다

카드 활용 방법

❶ 카드 앞면에는 문제가, 카드 뒷면에는 서술어가 적혀 있어요.

❷ 카드를 점선을 따라 자른 후, 카드링으로 묶어요.

❸ 서술어가 생각나지 않으면 오른쪽 아래에 있는 초성 힌트를 참고하세요.

국 그 까마귀는 참을성이 없고 성격이 아주 [   ].

과 고산 지대는 춥고 경사가 [   ].

ㄱㅎㄷ

과 도구를 이용하면 못이 쉽게 [   ].

사 우리 반 안전 도우미로 내가 [   ].

ㅃㅎㄷ

사 오래된 물건을 [   ] 살펴보았다.

국 반달곰이 위험에 처한 너구리를 [   ] 주었다.

ㄱㅎㄷ

사 집에 갈 때 공원을 [   ].

과 닭은 어떤 한살이를 [   ] 살펴봅시다.

ㄱㅊㄷ

수 삼각자의 세 각을 그대로 [   ].

과 이 의자는 튤립의 모습을 [   ] 만들었다.

ㅂㄸㄷ

수 수 모형이 모두 몇 개인지 [   ].

국 친구의 마음을 [   ].

ㅎㅇㄹㄷ

과 벼와 사과나무의 한살이 과정이 [   ].

국 '아이'와 '어린이'는 뜻이 [   ].

ㅂㅅㅎㄷ

사 자료를 [   ] 과거의 모습을 살펴본다.

국 대화할 때 알맞은 표정과 몸짓을 [   ].

ㅎㅇㅎㄷ

과 선인장은 줄기에 물을 [   ].

사 필요한 사진을 [   ].

ㅈㅈㅎㄷ

사 누리집에 들어가서 장소를 [   ].

국 도서 검색대에서 책 제목 으로 [   ].

ㄱㅅㅎㄷ

공부로 이끄는 힘

완자

공부력

교과서 문해력
교과서가 술술 읽히는 서술어

3A

서술어, 왜 공부할까?

 **서술어는 무엇일까?**

서술어란 문장에서 '누가/무엇이 **어찌하다**',

'누가/무엇이 **어떠하다**', '누가/무엇이 **무엇이다**'에서

'어찌하다', '어떠하다', '무엇이다'에 해당하는 낱말을 말해요.

 **문장에서 직접 살펴볼까요?**

'주하가 달린다.'에서 '**달린다**',

'노을이 아름답다.'에서 '**아름답다**',

'주하는 학생이다.'에서 '**학생이다**'가 서술어죠.

서술어는
문장에서 중요한 역할을 하기 때문에
서술어를 이해해야 문장의 뜻을
완전하게 이해할 수 있어!

교과서 문해력을 높이는 데 서술어 공부가 도움이 될까?

교과서 읽기에서 서술어가 중요할까요?	→ **YES**	문장으로 읽고 말하는 교과서, **서술어가 문장을 완성해요!**
개념어만 알면 개념을 아는 걸까요?	→ **NO**	'개념어+서술어'로 구성된 개념 문장, **서술어에 따라 개념이 달라져요!**
한 번에 한 과목만 공부해야 할까요?	→ **NO**	공통으로 사용하는 서술어를 기준으로, **여러 과목을 한 번에 공부할 수 있어요!**

함께 서술어를 공부하고 나면
교과서 문해력이 쑥쑥 높아져서
교과서가 술술 **읽힐 거야!**

교과서가 술술 읽히는 서술어

3-4학년군 구성

3A, 3B, 4A, 4B

3A

국어	싣다 전하다 비슷하다 활용하다 검색하다
수학	기록하다 덜다 본뜨다 헤아리다
사회	생활하다 편리하다 관리하다 구하다 거치다
과학	유지하다 타다 생기다 급하다 저장하다 뽑히다

3B

국어	점검하다 소통하다 보완하다 설득하다 간추리다 수확하다
수학	해석하다 고정하다 수집하다
사회	시행하다 해소하다 지원하다 발생하다 참여하다 판매하다
과학	차지하다 환기하다 둘러싸다 확산되다 잠기다

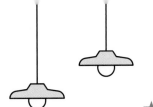

★ 2022 개정 교육 과정 완벽 반영! ★
★ 국립 국어원에서 권장한 학습 기초 어휘 중 선정! ★

| 국어 교과서 | 수학 교과서 | 사회 교과서 | 과학 교과서 |

3~4학년 교과서에 나오는 필수 서술어를
교과서 내용과 함께 배우며 어휘력을 높여요.

4A

국어	새기다	지정하다	공유하다	묻히다	전시하나	
수학	구별하다	제외하다	측정하다			
사회	솟다	확대하다	부족하다	생산하다	개발하다	훼손하다
과학	대처하다	차단하다	보관하다	맺히다	발달하다	끊기다

4B

국어	제안하다	토의하다	일으키다	보고하다	쾌적하다	협력하다
수학	추측하다	뒤집다	돌리다	좁히다		
사회	밀집하다	포용하다	보전하다	수행하다	타협하다	
과학	분해하다	상승하다	개선하다	흡수하다	유도하다	

하루에 4쪽씩 꾸준히 공부해요!

서술어를 확인해요

03 일차

* 공부한 날짜   월   일

기록하다

과학	수학
식물의 생김새를 기록해 봅시다.	200미터 배영에서 3분 30초를 기록했어요.

'기록하다'는 어떤 사실을 적는다는 표현을 할 때, 운동 경기 등에서 세운 결과를 수치로 나타낸다는 표현을 할 때 써. 이때 무엇을 기록했는지 살펴보면 뜻을 구분하기 쉬워.

기록하다
- 후일에 남길 목적으로 어떤 사실을 적다.
  - 사건
  - 상황
- 운동 경기 등에서 세운 성적이나 결과를 수치로 나타내다.
  - 성적
  - 순위

20

서술어를 익혀요

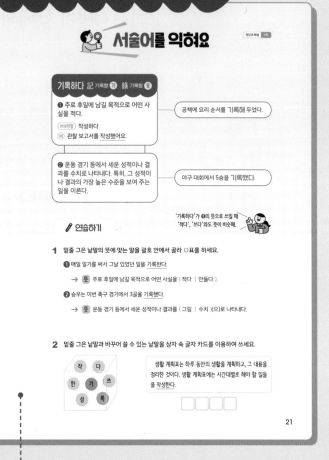

서술어를 익혀요

기록하다 記 기록할 **기** 錄 기록할 **록**

❶ 주로 후일에 남길 목적으로 어떤 사실을 적다.
(비슷한말) 작성하다
예 관찰 보고서를 작성했어요.

→ 공책에 요리 순서를 기록해 두었다.

❷ 운동 경기 등에서 세운 성적이나 결과를 수치로 나타내다. 특히, 그 성적이나 결과의 가장 높은 수준을 보여 주는 일을 이른다.

→ 야구 대회에서 5승을 기록했다.

연습하기

'기록하다'가 ❶의 뜻으로 쓰일 때 '적다', '쓰다'와도 뜻이 비슷해.

1 밑줄 그은 낱말의 뜻에 맞는 말을 괄호 안에서 골라 ○표를 하세요.

❶ 매일 일기를 써서 그날 있었던 일을 기록한다.

→ 뜻 주로 후일에 남길 목적으로 어떤 사실을 (적다 | 만들다).

❷ 승우는 이번 축구 경기에서 3골을 기록했다.

→ 뜻 운동 경기 등에서 세운 성적이나 결과를 (그림 | 수치)(으)로 나타내다.

2 밑줄 그은 낱말과 바꾸어 쓸 수 있는 낱말을 상자 속 글자 카드를 이용하여 쓰세요.

작 다
한 기 쓰
성 록

생활 계획표는 하루 동안의 생활을 계획하고, 그 내용을 정리한 것이다. 생활 계획표에는 시간대별로 해야 할 일들을 작성한다.

□ □ □ □

21

‣ 오늘 학습할 어휘를 교과서 문장과 어휘 그물로 한눈에 확인해요.

‣ 어휘의 뜻과 쓰임을 구조화하여 살펴봐요.

‣ 빈칸 쓰기, 선 잇기, 선택하기 등의 문제로 어휘를 익혀요.

교과서 필수 서술어로
교과서 어휘력을 쑥쑥 키워요!

교과서를 이해해요

 교과서를 이해해요

✎ 교과서에서 '기록하다'가 어떻게 쓰이는지 살펴보고, 문제를 풀어 보세요.

과학 3학년 1학기 #식물의 특징

식물은 주변이 길가나 공원, 들이나 산, 강이나 연못 등 다양한 장소에서 볼 수 있습니다. 민들레, 강아지풀, 은행나무 등 우리 주변에서 쉽게 볼 수 있는 식물을 한 가지 정하고, 그 식물을 관찰해 보세요. 그리고 잎, 줄기, 꽃의 생김새 등을 ㉠기록해 봅시다. 이렇게 기록한 내용을 통해 그 식물의 특징을 알 수 있습니다.

* 관찰하다: 사물이나 현상을 주의하여 자세히 살펴보다.

3 ㉠과 뜻이 비슷한 낱말이 아닌 것은 무엇인가요? (✎)

① 써 ② 살펴 ③ 적어 ④ 작성해

4 이 글의 내용을 다음과 같이 정리할 때, 괄호 안에 들어갈 낱말을 각각 찾아 묶으세요.

식물을 정해 ( )한다.

작	동	물
성	관	징
보	특	찰

→

생김새를 ( )한다.

식	사	용
물	줄	기
주	변	록

5 민들레를 관찰하여 다음과 같이 기록할 때, 괄호 안에 들어갈 말을 골라 ○표를 하세요.

• 꽃: 노란색이고, 여러 개의 (길쭉한 | 넓적한) 꽃잎들이 모여 이루어짐.
• 잎: 길쭉한 넓은 모양의 잎이 여러 개 달려 있고, 가장자리가 톱니처럼 (부드럽게 | 뾰족하게) 생김.

수학 3학년 1학기 #시간의 뺄셈

정우는 수영 연습을 하고 난 뒤에, 수첩에 그날의 연습 내용을 기록해요. 작년에 정우는 200미터 배영에서 4분 45초를 기록했는데, 오늘은 3분 30초를 기록했어요. 정우의 기록은 작년보다 얼마나 더 앞당겨졌나요?

6 이 글에서 '기록하다'가 어떤 뜻으로 쓰였는지 알맞은 것을 골라 선으로 이으세요.

① 수첩에 그날의 연습 내용을 기록해요. ─ ㉠ 주로 후일에 남길 목적으로 어떤 사실을 적다.

② 200미터 배영에서 4분 45초를 기록했는데, ─ ㉡ 운동 경기 등에서 세운 성적이나 결과를 수치로 나타내다.

③ 오늘은 3분 30초를 기록했어요.

7 다음 빈칸을 채워 정우의 수영 기록이 작년보다 얼마나 앞당겨졌는지 알아보세요.

	4	분	45	초
−	3	분	30	초
		분		초

→ 정우의 수영 기록은 작년보다 [ ] 분 [ ] 초 앞당겨졌습니다.

22   23

▶ 국어 수학 사회 과학

교과서 문장에서 어휘의 쓰임을 확인하고 이해해요.

‣ 다양한 유형의 문제를 풀며 어휘를 이해하고 확장하여 익혀요.

복습 하기

‣ 학습한 어휘를 매주 독해로 복습해요.

‣ 20일 동안 학습한 뒤 문제를 풀며 실력을 확인해요.

무엇을 공부할까요

정답과 해설

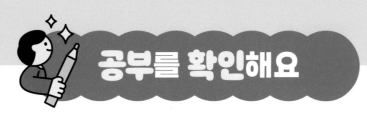

공부를 확인해요

매일 학습을 마친 뒤, 배운 서술어를 사용하여 한 문장을 만들어 보세요.

일차	서술어	공부 확인	한 문장 만들기
01	싣다	✿	
02	전하다	✿	
03	기록하다	✿	
04	생활하다	✿	
05	유지하다	✿	
06	덜다	✿	
07	타다	✿	
08	생기다	✿	
09	편리하다	✿	
10	관리하다	✿	
11	급하다	✿	
12	구하다	✿	
13	본뜨다	✿	
14	비슷하다	✿	
15	저장하다	✿	
16	뽑히다	✿	
17	거치다	✿	
18	헤아리다	✿	
19	활용하다	✿	
20	검색하다	✿	

1주

알맞은 명령어에 ○표를 하며
공부 준비를 확인해요.

| 1주 | 2주 | 3주 | 4주 |

🏳 공부를 시작할 때

소파 / 책상 (으)로 이동하기

연필 / 만화책 을 준비하기

만약 ⬡ 휴대 전화가 옆에 있는 상황 ⬡ 이라면

↩ 게임하기 / 잠시 꺼 두기

교재를 덮기 / 펼치기

공부할 준비가 되었어요.
이제 공부를 시작해 볼까요?

이번 주에는 무엇을 배울까요?

일차	서술어	과목	쪽수
1일	싣다	과학, 국어	12
2일	전하다	사회, 국어	16
3일	기록하다	과학, 수학	20
4일	생활하다	사회, 과학	24
5일	유지하다	과학, 국어	28
독해 연습			32

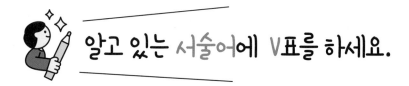

알고 있는 서술어에 V표를 하세요.

	싣다		전하다		기록하다

	생활하다		유지하다

★ 공부한 날짜

월   일

싣다

과학	국어
수레에 여러 가지 물건을 실었습니다.	발표 자료에 친구가 찍은 사진을 싣습니다.

'싣다'는 주로 물체를 탈것이나 수레에 올린다는 표현을 할 때, 글이나 사진 등을 출판물에 낸다는 표현을 할 때 써. 이때 어디에 싣는지를 살펴보면 뜻을 구분하기 쉬워.

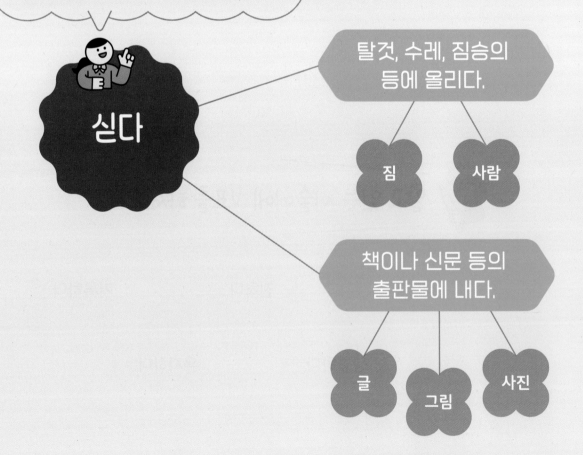

싣다

탈것, 수레, 짐승의 등에 올리다.

짐   사람

책이나 신문 등의 출판물에 내다.

글   그림   사진

서술어를 익혀요

싣다

❶ 물체나 사람을 옮기기 위하여 탈것, 수레, 짐승의 등과 같은 곳에 올리다. .... 트럭에 배추를 **싣고** 출발했다.

❷ 글, 그림, 사진 등을 책이나 신문 등의 출판물에 내다. .... 신문에 미세 먼지의 심각성에 대한 기사를 **실었다.**

(비슷한말) 수록하다

(예) 자료집에 사진도 함께 <u>수록했</u>다.

'싣다'처럼 하나의 낱말이 원래 가지는 뜻을 넓혀 여러 가지 뜻을 가지는 경우가 있어.

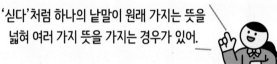

✏️ 연습하기

1 빈칸에 공통으로 들어갈 낱말로 알맞은 것은 무엇인가요? (✏️)

> ◦ 신문에 올림픽과 관련된 기사를 [ ].
> ◦ 항구에 있는 화물선에 컨테이너를 [ ].

① 밀다　　　　　② 싣다　　　　　③ 적다　　　　　④ 찾다

2 밑줄 그은 낱말의 뜻을 보기 에서 골라 그 기호를 쓰세요.

> 보기　　**싣다**
>
> ㉠ 물체나 사람을 옮기기 위하여 탈것, 수레, 짐승의 등과 같은 곳에 올리다.
> ㉡ 글, 그림, 사진 등을 책이나 신문 등의 출판물에 내다.

❶ 누나는 차에 여행 가방을 미리 <u>실어</u> 놓았다. (✏️)

❷ 그는 그동안 썼던 시를 모아 시집에 <u>실었다.</u> (✏️)

교과서에서 '싣다'가 어떻게 쓰이는지 살펴보고, 문제를 풀어 보세요.

과학 | **3학년 1학기** | #힘과 관련된 현상

수레에 여러 가지 물건을 ㉠실었습니다. 가만히 있는 수레는 스스로 움직일 수 없습니다. 하지만 힘을 주어 수레를 밀거나 당기면 수레를 움직일 수 있습니다. 이처럼 물체를 움직이려면 힘이 필요합니다.

3 밑줄 그은 낱말 중 ㉠과 같은 뜻으로 사용된 것은 무엇인가요?　　(🖉　　)

① 학급 신문에 친구의 그림을 실었다.
② 택배 아저씨는 트럭에 짐을 가득 실었다.
③ 어린이 잡지에 생활 속 과학 상식을 실었다.

4 보기 를 보고 빈칸에 들어갈 알맞은 낱말을 쓰세요.

보기　　　　듣다　음악을 듣다. → 음악을 들었다 .

싣다　물건을 싣다. → 물건을 ☐ ☐ ☐ .

5 이 글의 핵심 내용을 파악하여 빈칸에 들어갈 알맞은 말을 쓰세요.

가만히 있는 물체에 ☐ 을/를 주어 밀거나 당기면 물체를 움직일 수 있다.

국어 3학년 1학기 | #매체 #저작권 #출처

발표 자료에 친구가 찍은 사진도 ⓒ<u>싣고</u>, 자신이 참고한 책의 내용도 쓰기 위해서는 어떻게 해야 할까요? 글, 음악, 사진이나 동영상 등을 만든 사람이 가지는 권리를 저작권이라고 합니다. 다른 사람이 만든 자료를 사용할 때에는 이러한 권리를 보호하기 위해 자료의 이름, 만든 사람 등을 밝혀야 해요. 이러한 성보를 출처라고 합니다.

6 ⓒ과 뜻이 비슷한 낱말은 무엇인가요? (✎   )

① 검색하고   ② 보호하고   ③ 수록하고   ④ 수집하고

7 다음 설명에 알맞은 개념을 찾아 선으로 이으세요.

① 글, 음악, 사진이나 동영상 등을 만든 사람이 가지는 권리   •   • ㄱ 출처

② 다른 사람이 만든 자료를 출판물에 실을 때 밝히는 자료의 이름, 만든 사람 등의 정보   •   • ㄴ 저작권

8 빈칸에 들어갈 수 있는 낱말을 모두 찾아 색칠하여 빙고 판에서 2줄을 완성하세요.

발표 자료에 ☐을/를 실어야겠어.

그림	글	표
물건	사진	짐
컴퓨터	사람	신문 기사

전하다

사회	국어
우리 지역에 이야기가 전해 내려와요.	글을 써서 친구에게 마음을 전해요.

'전하다'는 어떤 것이 오랜 세월 동안 이어지거나 남겨진다는 표현을 할 때, 어떤 사실을 상대에게 알린다는 표현을 할 때 써.

전하다

뒤에 오는 시대나 지금 시대에 이어지거나 남겨지다.

사물   말   이야기

어떤 사실을 상대에게 알리다.

소식   마음   말

서술어를 익혀요

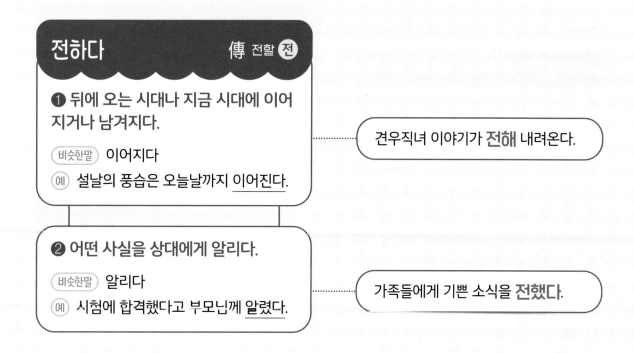

전하다 傳 전할 전

❶ 뒤에 오는 시대나 지금 시대에 이어지거나 남겨지다.

(비슷한말) 이어지다

(예) 설날의 풍습은 오늘날까지 이어진다.

견우직녀 이야기가 **전해** 내려온다.

❷ 어떤 사실을 상대에게 알리다.

(비슷한말) 알리다

(예) 시험에 합격했다고 부모님께 알렸다.

가족들에게 기쁜 소식을 **전했다**.

'전하다'가 ❶의 뜻으로 쓰일 때는 '전해 내려오다'의 형태로 많이 쓰여.

✏️ 연습하기

1 밑줄 그은 낱말의 뜻으로 알맞은 것을 골라 선으로 이으세요.

❶ 이 노래는 옛날부터 전해 내려왔다. •

• ㄱ 어떤 사실을 상대에게 알리다.

❷ 은우는 편지를 써서 선생님께 감사한 마음을 전했다. •

• ㄴ 뒤에 오는 시대나 지금 시대에 이어지거나 남겨지다.

2 밑줄 그은 낱말과 바꾸어 쓸 수 있는 낱말을 상자 속 글자 카드를 이용하여 쓰세요.

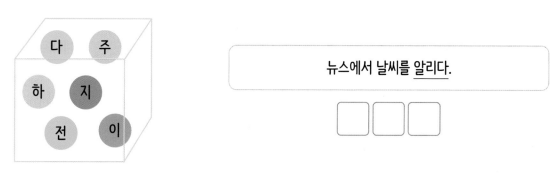

다 주 하 지 전 이

뉴스에서 날씨를 <u>알리다</u>.

☐ ☐ ☐

교과서를 이해해요

✎ 교과서에서 '전하다'가 어떻게 쓰이는지 살펴보고, 문제를 풀어 보세요.

세아: 할머니, 우리 지역에는 어떤 이야기가 ㉠전해 내려오나요?

할머니: 지금은 서울 양재동에 높은 건물이나 차가 많지? 그런데 옛날에 이 주변은 말을 타고 서울을 오가는 사람들이 중간에 잠시 쉬어 가던 곳이었어. 말에게 죽을 끓여 먹인 곳이라고 해서 '말죽거리'라고 불렀지.

3 ㉠과 뜻이 비슷한 낱말로 알맞은 것은 무엇인가요?　　　（✎　　）

① 끊겨　　　　② 쫓겨　　　　③ 사라져　　　　④ 이어져

4 할머니의 이야기를 들은 세아의 반응으로 알맞지 <u>않은</u> 것은 무엇인가요?　（✎　　）

① 말죽거리라는 이름이 다른 지역에도 있다니 신기해요.

② 옛날 사람들이 자동차 대신에 말을 타고 다녔다니 재밌어요.

③ 사람들이 잠시 쉬어 가는 모습이 오늘날의 고속 국도 휴게소와 비슷하네요.

5 이 글의 내용을 바탕으로 다음과 같이 정리할 때, 빈칸에 들어갈 낱말을 차례대로 쓰세요.

지역에 전해 내려오는 □□□ 을/를 통해 □□ 에 그 지역에 살았던 사람들의 생활 모습을 알 수 있다.

국어 3학년 1학기 | #마음을 전하는 글

　　마음을 전하는 편지를 잘 쓰려면 몇 가지 고려할 점이 있습니다. 우선 편지에 받는 사람과 쓴 사람이 누구인지 써야 합니다. 있었던 일을 쓸 때에는 받는 사람이 그 일을 떠올릴 수 있도록 구체적으로 쓰고, 자신의 생각이나 느낌을 잘 나타낼 수 있는 표현을 사용하여 마음을 ⓒ**전합니다**. 이때 받는 사람이 웃어른일 경우에는 알맞은 높임◆ 표현을 쓰도록 합니다.

◆ **높임 표현**: 말하는 이가 어떤 대상에 대하여 높임의 태도를 나타내는 표현.

6 ⓒ의 뜻으로 알맞은 것은 무엇인가요? 　　　　　　　　(✎ 　　)

① 어떤 사실을 상대에게 알리다.
② 뒤에 오는 시대나 지금 시대에 이어지거나 남겨지다.

7 마음을 전하는 글을 쓰는 방법으로 알맞지 <u>않은</u> 것은 무엇인가요? 　(✎ 　　)

① 받는 사람이 웃어른일 경우 알맞은 높임 표현을 사용한다.
② 자신의 생각이나 느낌을 잘 나타낼 수 있는 표현을 사용한다.
③ 마음을 전하고 싶은 상황은 받는 사람이 알고 있으므로 쓰지 않는다.

8 다음 글에서 해인이가 서호에게 전하고 싶은 마음은 무엇인가요? 　(✎ 　　)

> 서호에게
>
> 서호야, 안녕?
>
> 　요즘 하교할 때마다 네가 운동장에서 달리기 연습을 하고 있는 걸 봤어. 다음 달에 있을 체육 대회에 네가 우리 반 대표로 나가기 때문이지? 하루도 빠지지 않고 연습하다니 정말 대단해. 네가 이렇게 노력했으니 체육 대회에서도 잘할 수 있을 거라는 말을 전해 주고 싶었어. 힘내!
>
> 　　　　　　　　　　　　　　　　　　　　　　　　　　　해인이가

① 미안한 마음　　　　　② 걱정하는 마음　　　　　③ 응원하는 마음

기록하다

과학	수학
식물의 생김새를 기록해 봅시다.	200미터 배영에서 3분 30초를 기록했어요.

'기록하다'는 어떤 사실을 적는다는 표현을 할 때, 운동 경기 등에서 세운 결과를 수치로 나타낸다는 표현을 할 때 써. 이때 무엇을 기록했는지 살펴보면 뜻을 구분하기 쉬워.

기록하다

후일에 남길 목적으로 어떤 사실을 적다.

사건   상황

운동 경기 등에서 세운 성적이나 결과를 수치로 나타내다.

성적   순위

서술어를 익혀요

정답과 해설 4쪽

기록하다 記 기록할 기 錄 기록할 록

❶ 주로 후일에 남길 목적으로 어떤 사실을 적다.

(비슷한말) 작성하다

(예) 관찰 보고서를 <u>작성했어요</u>.

> 공책에 요리 순서를 **기록해** 두었다.

❷ 운동 경기 등에서 세운 성적이나 결과를 수치로 나타내다. 특히, 그 성적이나 결과의 가장 높은 수준을 보여 주는 일을 이른다.

> 야구 대회에서 5승을 **기록했다**.

'기록하다'가 ❶의 뜻으로 쓰일 때 '적다', '쓰다'와도 뜻이 비슷해.

✏️ 연습하기

1 밑줄 그은 낱말의 뜻에 맞는 말을 괄호 안에서 골라 ○표를 하세요.

❶ 매일 일기를 써서 그날 있었던 일을 <u>기록한다</u>.

→ 뜻 주로 후일에 남길 목적으로 어떤 사실을 (적다 | 만들다).

❷ 승우는 이번 축구 경기에서 3골을 <u>기록했다</u>.

→ 뜻 운동 경기 등에서 세운 성적이나 결과를 (그림 | 수치)(으)로 나타내다.

2 밑줄 그은 낱말과 바꾸어 쓸 수 있는 낱말을 상자 속 글자 카드를 이용하여 쓰세요.

작 다 한 기 쓰 성 록

생활 계획표는 하루 동안의 생활을 계획하고, 그 내용을 정리한 것이다. 생활 계획표에는 시간대별로 해야 할 일들을 <u>작성한다</u>.

☐ ☐ ☐ ☐

교과서를 이해해요

✏️ 교과서에서 '기록하다'가 어떻게 쓰이는지 살펴보고, 문제를 풀어 보세요.

과학 3학년 1학기 | #식물의 특징

　식물은 주변의 길가나 공원, 들이나 산, 강이나 연못 등 다양한 장소에서 볼 수 있습니다. 민들레, 강아지풀, 은행나무 등 우리 주변에서 쉽게 볼 수 있는 식물을 한 가지 정하고, 그 식물을 관찰해 보세요. 그리고 잎, 줄기, 꽃의 생김새 등을 ㉠기록해 봅시다. 이렇게 기록한 내용을 통해 그 식물의 특징을 알 수 있습니다.

◆관찰하다: 사물이나 현상을 주의하여 자세히 살펴보다.

3 ㉠과 뜻이 비슷한 낱말이 <u>아닌</u> 것은 무엇인가요?　　　　　(✏️　　　)

① 써　　　　　② 살펴　　　　　③ 적어　　　　　④ 작성해

4 이 글의 내용을 다음과 같이 정리할 때, 괄호 안에 들어갈 낱말을 각각 찾아 묶으세요.

식물을 정해 (　　　)한다.

작	동	물
성	관	징
보	특	찰

→

생김새를 (　　　)한다.

식	사	용
물	줄	기
주	변	록

5 민들레를 관찰하여 다음과 같이 기록할 때, 괄호 안에 들어갈 말을 골라 ○표를 하세요.

◦ 꽃: 노란색이고, 여러 개의 (길쭉한 | 넓적한) 꽃잎들이 모여 이루어짐.
◦ 잎: 길쭉한 넓은 모양의 잎이 여러 개 달려 있고, 가장자리가 톱니처럼 (부드럽게 | 뽀족하게) 생김.

수학 3학년 1학기 | #시간의 뺄셈

정우는 수영 연습을 하고 난 뒤에, 수첩에 그날의 연습 내용을 기록해요. 작년에 정우는 200미터 배영에서 4분 45초를 기록했는데, 오늘은 3분 30초를 기록했어요. 정우의 기록은 작년보다 얼마나 더 앞당겨졌나요?

6 이 글에서 '기록하다'가 어떤 뜻으로 쓰였는지 알맞은 것을 골라 선으로 이으세요.

① 수첩에 그날의 연습 내용을 기록해요.		

① 수첩에 그날의 연습 내용을 기록해요. •

② 200미터 배영에서 4분 45초를 기록했는데, •

③ 오늘은 3분 30초를 기록했어요. •

• **㉠** 주로 후일에 남길 목적으로 어떤 사실을 적다.

• **㉡** 운동 경기 등에서 세운 성적이나 결과를 수치로 나타내다.

7 다음 빈칸을 채워 정우의 수영 기록이 작년보다 얼마나 앞당겨졌는지 알아보세요.

	4	분	45	초
−	3	분	30	초
	☐	분	☐	초

→ 정우의 수영 기록은 작년보다 ☐ 분 ☐ 초 앞당겨졌습니다.

생활하다

사회

우리는 다양한 장소에서
생활합니다.

과학

펭귄은 추울 때는 서로 몸을
맞대고 **생활합니다.**

'생활하다'는 사람이나 동물이 일정한 환경에서
활동하며 살아간다는 표현을 할 때 써. 보통 어디에서,
또는 어떻게 생활하는지에 대해 이야기해.

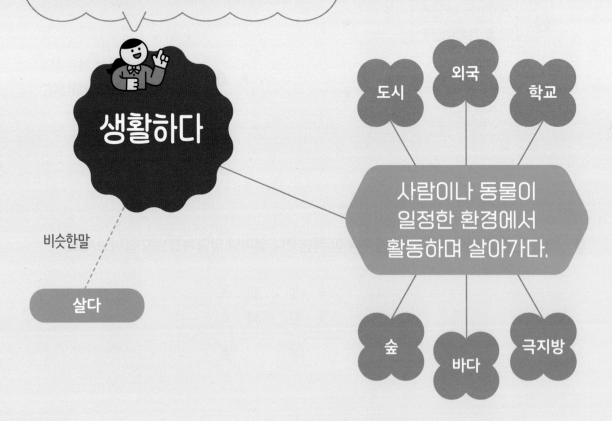

생활하다

비슷한말

살다

도시   외국   학교

사람이나 동물이
일정한 환경에서
활동하며 살아가다.

숲   바다   극지방

서술어를 익혀요

생활하다 生 살 생 活 살 활

사람이나 동물이 일정한 환경에서 활동하며 살아가다.

(비슷한말) 살다

(예) 나는 할머니와 한집에서 산다.

> 그 남자는 고향을 떠나 도시에서 생활한다.

> 개구리는 물과 땅을 오가면서 생활한다.

✏️ 연습하기

1 밑줄 그은 낱말의 뜻에 맞는 말을 괄호 안에서 골라 ○표를 하세요.

두더지는 굴을 파고 땅속에서 <u>생활합니다</u>.

→ 뜻 사람이나 (동물 | 물건)이 일정한 환경에서 활동하며 (살아가다 | 살펴보다).

2 빈칸에 '생활하다'를 쓸 수 <u>없는</u> 문장의 기호를 쓰세요. (✏️)

㉠ 다람쥐는 숲에서 [   ].

㉡ 바나나는 나무에서 [   ].

㉢ 우리는 학교의 다양한 공간에서 [   ].

㉣ 선주네 가족은 한국을 떠나 일본에서 [   ].

25

✏️ 교과서에서 '생활하다'가 어떻게 쓰이는지 살펴보고, 문제를 풀어 보세요.

우리는 주변에 있는 다양한 장소에서 ㉠생활합니다. 예를 들어 놀이나 여가를 즐기기 위해

공원, 체육관에 가기도 하고, 생활에 필요한 물건을 사려고 시장, 편의점에 가기도 합니다.

또 아플 때에는 사람들이 건강하게 살아갈 수 있도록 도와주는 약국, 병원에 가기도 합니다.

이 밖에도 우리 주변에는 우리가 **생활하는** 데 도움을 주는 여러 ⟨ ㉡ ⟩이/가 있습니다.

◆ 여가: 일이 없어 남는 시간.

3 ㉠의 뜻으로 알맞은 것은 무엇인가요? (✏️)

① 다른 사람이나 동물의 뒤에서, 그가 가는 대로 가다.
② 사람이나 동물이 일정한 환경에서 활동하며 살아가다.

4 ㉡에 들어갈 수 있는 낱말로 알맞지 <u>않은</u> 것은 무엇인가요? (✏️)

① 공간 ② 시간 ③ 장소

5 사다리를 타고 내려가 빈칸에 들어갈 알맞은 낱말을 이 글에서 찾아 쓰세요.

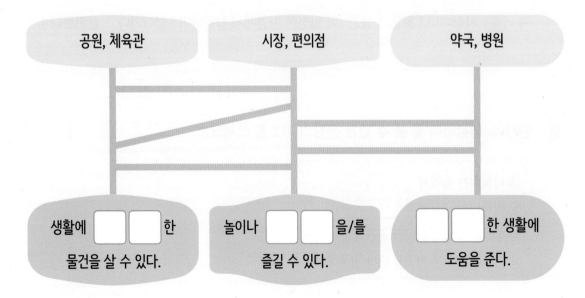

| 공원, 체육관 | 시장, 편의점 | 약국, 병원 |

생활에 ☐☐한 물건을 살 수 있다.

놀이나 ☐☐을/를 즐길 수 있다.

☐☐한 생활에 도움을 준다.

과학 3학년 1학기 | #동물의 생활 #극지방

극지방은 남극과 북극을 중심으로 한 그 주변 지역으로, 바람이 강하게 불고 매우 춥습니다. 극지방에 사는 동물은 다양한 생김새와 생활 방식으로 추위를 견디며 ⓒ . 남극에 사는 황제펭귄의 몸은 추위를 이길 수 있도록 두꺼운 깃털로 덮여 있습니다. 또 무리를 만들어 추울 때는 서로 몸을 맞대고 **생활합니다**.

6 ⓒ과 보기 에 공통으로 들어갈 수 없는 말은 무엇인가요? (✐)

> 보기
> ◦ 그는 우주인으로 뽑혀서 앞으로 1년 동안 우주에서 [   ].
> ◦ 어미 캥거루는 자신의 주머니 안에 새끼 캥거루를 넣고 [   ].

① 생활합니다

② 헤엄치며 다닙니다

③ 활동하며 살아갑니다

7 이 글에 사용된 낱말과 반대되는 말을 잘못 짝 지은 것은 무엇인가요? (✐)

① 강하다 ↔ 약하다　　　② 춥다 ↔ 덥다　　　③ 두껍다 ↔ 작다

8 황제펭귄에 대한 설명으로 알맞은 말을 골라 ○표를 하세요.

❶ (남극 | 북극)에서 무리를 지어 생활합니다.

❷ 추울 때는 서로 (멀리 떨어져 | 몸을 맞대고) 생활합니다.

❸ 몸은 추위를 이길 수 있도록 두꺼운 (비늘 | 깃털)로 덮여 있습니다.

유지하다

과학

받침점 위의 나무판이
수평을 유지합니다.

국어

사람은 소금이 없다면
생명을 유지하지 못해요.

'유지하다'는 어떤 일이나 상태를 오래 계속한다는
표현을 할 때 써.

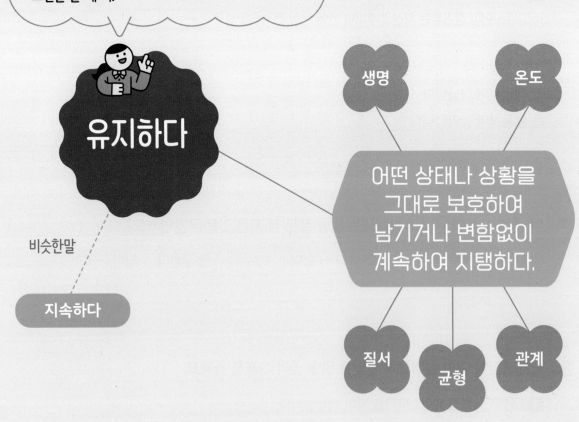

유지하다

비슷한말

지속하다

생명   온도

어떤 상태나 상황을
그대로 보호하여
남기거나 변함없이
계속하여 지탱하다.

질서   균형   관계

서술어를 익혀요

유지하다 維 유지할 유 持 지킬 지

어떤 상태나 상황을 그대로 보호하여 남기거나 변함없이 계속하여 지탱하다.

(비슷한말) 지속하다

(예) 친구 관계를 <u>지속해</u> 왔다.

온도를 일정하게 **유지해야** 한다.

평균대 위에서 균형을 **유지한다.**

'지탱하다'는 오래 버틴다는 뜻이야.

✏ 연습하기

1 밑줄 그은 낱말의 뜻으로 알맞은 것은 무엇인가요? (✎)

> 경찰관은 범죄를 예방하고 질서를 <u>유지한다.</u>

① 다르게 바꾸어 새롭게 고치다.
② 어떤 상태나 상황을 향하여 나아가다.
③ 어떤 상태나 상황을 그대로 보호하여 남기거나 변함없이 계속하여 지탱하다.

2 밑줄 그은 낱말과 뜻이 비슷한 낱말은 무엇인가요? (✎)

> 두 집안은 그동안 좋은 관계를 <u>유지했다.</u>

① 외면했다　　　　② 지속했다　　　　③ 희망했다

3 빈칸에 '유지하다'를 쓸 수 <u>없는</u> 문장의 기호를 쓰세요. (✎)

> ㉠ 은행에 가서 동전을 지폐로 [　　　　].
> ㉡ 연지는 꾸준히 운동을 하여 건강을 [　　　　].
> ㉢ 에어컨을 사용하여 실내 온도를 시원하게 [　　　　].

교과서를 이해해요

✏️ 교과서에서 '유지하다'가 어떻게 쓰이는지 살펴보고, 문제를 풀어 보세요.

과학   3학년 1학기 | #수평 잡기

    어느 한쪽으로 기울지 않은 평평한 상태를 '수평'이라고 합니다. 나무판을 사용해 수평을 잡으려면 어떻게 해야 할까요? ◆받침점이 나무판의 가운데에 있을 때, 무게가 같은 두 물체를 받침점에서 양쪽으로 같은 거리에 놓으면 수평을 잡을 수 있습니다. 이때 한쪽 물체의 위치를 옮기거나, 다른 무게의 물체로 바꾸지 않는다면 나무판은 수평을 ㉠**유지합니다**.

◆ 받침점: 받침대에 나무판을 올려놓았을 때 나무판과 받침대가 서로 닿는 부분

4 이 글에 쓰인 낱말 중 ㉠과 바꾸어 쓸 수 있는 낱말은 무엇인가요?   (✏️   )

① 놓습니다   ② 옮깁니다   ③ 잡습니다

5 이 글의 핵심 내용을 파악하여 빈칸에 들어갈 알맞은 말을 쓰세요.

| | |을/를 잡을 수 있는 방법

6 이 글을 읽고 다음 상황을 바르게 설명할 수 있도록 알맞은 말을 골라 ○표를 하세요.

(키 | 몸무게)가 같은 두 사람이 시소를 탈 때, 두 사람이 받침점에서 양쪽으로 (같은 | 다른) 거리에 앉아 있으면 수평을 유지할 수 있다.

30

국어 　3학년 1학기 | #소금 #사실과 의견

　소금은 음식의 간을 맞출 때만 필요할까요? 알고 보면 소금은 우리 몸에서 없어서는 안 될 고마운 존재예요. 우선 소금은 일정한 양의 물이 우리의 몸 안에 머물 수 있도록 도움을 줘요. 또 위에서 소화액을 만들어서 음식이 잘 소화되도록 도와줘요. 그래서 몸속에 ⓛ소금이 없다면 사람은 생명을 <u>유지하지</u> 못해요. 소금의 역할이 정말 놀랍지요.

7 ⓛ의 의미로 알맞은 것은 무엇인가요? 　　　　　　　　　　(✎ 　　　)

① 사람은 소금이 있어야 계속 살아갈 수 있다.

② 사람은 소금이 없다면 물을 많이 마셔야 한다.

③ 사람은 소금이 없어야 생명을 이어 갈 수 있다.

8 보기 를 참고하여 문장의 성격으로 알맞은 것을 골라 선으로 이으세요.

> 보기　**사실**　실제 있었던 일이거나 혹은 참과 거짓을 판단할 수 있는 일
> 　　　　　예 오늘은 자전거를 탔다.
> 　　　　**의견**　어떤 대상에 대한 생각
> 　　　　　예 자전거 타는 것은 즐거워.

① 소금은 일정한 양의 물이 우리 몸 안에 머물도록 한다. •

② 소금은 위에서 소화액을 만든다. •

③ 소금의 역할은 정말 놀랍다. •

• ㄱ　사실

• ㄴ　의견

✏ 다음 서술어를 찾아 ○표를 하며 읽어 보세요.

유지하다	전하다	기록하다
싣다	생활하다	

1   옛날에는 수원 팔달문 주변에 낮은 건물들이 모여 있었지만, 오늘날에는 팔달문 주변의 모습이 많이 바뀌어 높은 빌딩이나 넓은 도로 등이 생겼습니다. 수원 팔달문은 지금까지 옛날의 모습을 ㉠유지하고 있지만, 주변 모습은 크게 달라진 것입니다. 이와 같이 오늘날 우리가 살고 있는 지역은 옛날과 비슷한 모습도 있고, 달라진 모습도 있습니다.

2   지역의 달라진 모습은 여러 가지 방법으로 조사할 수 있습니다. 지역의 누리집에서 사진이나 영상을 살펴볼 수도 있고, 도서관이나 지역 박물관을 찾아가 책이나 자료를 살펴볼 수도 있습니다. 또한 지역의 어른께 지역에 전하여 내려오는 이야기를 여쭈어볼 수도 있습니다. 어른께 여쭈어볼 때는 예의를 갖추어 질문하고, 들은 내용은 수첩에 기록합니다.

3   조사한 자료를 정리하면 지역 사람들의 생활 모습이 어떻게 달라졌는지 살펴볼 수 있습니다. 옛날에는 교통수단이 발달하지 않아서 사람들은 소달구지에 짐을 싣고 걸어 다녔습니다. 반면 오늘날에는 자동차나 기차를 이용하여 많은 짐을 실을 수 있고 빠르게 이동할 수도 있습니다. 또 옛날에는 많은 사람들이 논이나 밭에서 농사를 지으며 생활했지만, 요즘에는 회사나 공장에서 일을 하는 사람들이 많아졌습니다.

 공부한 서술어를 활용해 말풍선을 완성하세요.

많은 사람들이 농사를 지으며 □□ 했습니다.

소달구지에 짐을 □□ 다녔습니다.

1 이 글에 대한 설명이 맞으면 ○표, 틀리면 ✕표를 하세요.

❶ 오늘날 우리가 살고 있는 지역에 옛날과 비슷한 모습은 남아 있지 않다. ○ ✕

❷ 지역의 옛날 모습을 조사하면 지역 사람들의 달라진 생활 모습을 알 수 있다. ○ ✕

2 지역의 달라진 모습을 조사하는 방법으로 알맞지 <u>않은</u> 것은 무엇인가요? (✎   )

① 도서관에서 지역과 관련된 책을 찾아본다.

② 박물관에 찾아가 지역에 대한 자료를 살펴본다.

③ 지역의 누리집에서 지역을 소개하는 사진이나 영상을 찾아본다.

④ 지역에 오래 사셨던 어른께 전해 내려오는 이야기를 여쭈어본다.

⑤ '지역의 미래 모습 상상하기'를 주제로 한 그림 전시회에 가 본다.

3 오늘날 달라진 사람들의 생활 모습으로 알맞은 것을 모두 골라 기호를 쓰세요.

(✎   )

> ㉠ 논밭에서 농사를 짓는 사람이 많다.
> ㉡ 탈것이 부족하여 걸어 다니는 사람이 많다.
> ㉢ 도시에 있는 회사에서 일을 하는 사람이 많다.
> ㉣ 넓은 도로에서 자동차를 타고 다니는 사람이 많다.

4 ㉠의 쓰임이 알맞지 <u>않은</u> 것은 무엇인가요? (✎   )

① 우리나라 선수가 선두를 <u>유지하고</u> 있다.

② 그 남자는 체중을 일정하게 <u>유지하고</u> 있다.

③ 경찰은 우리 지역의 질서를 <u>유지하고</u> 있다.

④ 창문을 열어 방 안의 음식 냄새를 <u>유지하고</u> 있다.

⑤ 한 발로 서서 넘어지지 않게 균형을 <u>유지하고</u> 있다.

이번 주 공부 끝! 자신 있게 사용할 수 있는 서술어에 V표를 하세요.

☐ 싣다 ☐ 전하다 ☐ 기록하다 ☐ 생활하다 ☐ 유지하다

2주

알맞은 명령어에 ○표를 하며
공부 준비를 확인해요.

1주   2주   3주   4주

← → ○

🖊 공부하는 동안

만약   모르는 낱말이 있다면

↩   사전을 찾아본다. / 친구에게 물어본다.

한 쪽을 공부한 뒤   돌아다닌다. / 다음 쪽을 공부한다.

만약   틀린 문제가 있다면

↩   잊어버린다. / 다시 풀어 보며 이해한다.

어떻게 공부하는지 알겠죠?
이제 공부를 시작해 볼까요?

이번 주에는 무엇을 배울까요?

일차	서술어	과목	쪽수
6일	덜다	수학, 국어	36
7일	타다	과학, 국어	40
8일	생기다	수학, 과학	44
9일	편리하다	사회, 과학	48
10일	관리하다	국어, 사회	52
	독해 연습		56

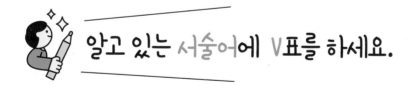

알고 있는 서술어에 V표를 하세요.

- [ ] 덜다
- [ ] 타다
- [ ] 생기다
- [ ] 편리하다
- [ ] 관리하다

덜다

수학	국어
30을 나타내는 수 모형에서 10만큼을 덜어 낸다.	환경 오염에 대한 부담을 덜 수 있다.

'덜다'는 일정한 수량이나 정도, 혹은 행동이나 상태를 줄이거나 적게 한다는 표현을 할 때 써. 이때 무엇을 덜어 내는지에 따라 뜻이 달라져.

덜다

일정한 수량이나 정도에서 얼마를 떼어 줄이거나 적게 하다.

물건   음식   수

행동이나 상태를 적게 하다.

일손   수고   걱정

서술어를 익혀요

덜다

❶ 일정한 수량이나 정도에서 얼마를 떼어 줄이거나 적게 하다.

(비슷한말) 빼다

(예) 상자에서 과자 두 개를 뺐다.

.... 바구니에서 사과 몇 개를 덜어 냈다.

❷ 행동이나 상태를 적게 하다.

.... 걱정을 한시름 덜었다.

'덜다'가 ❷의 뜻으로 쓰일 때에는 행동이나 상태를 나타내는 낱말과 함께 쓰여.

✏ 연습하기

1 밑줄 그은 낱말의 뜻으로 알맞은 것을 골라 선으로 이으세요.

❶ 사탕 다섯 개 중에서 두 개를 덜다. •

❷ 형은 엄마의 일손을 덜어 드리려고 열심히 일했다. •

• ㉠ 행동이나 상태를 적게 하다.

• ㉡ 일정한 수량이나 정도에서 얼마를 떼어 줄이거나 적게 하다.

2 보기 에 알맞은 그림이 되도록 할 때, 그림이 놓일 순서에 따라 숫자를 쓰세요.

보기   어항 속에 담긴 물을 조금 덜어 냈다.

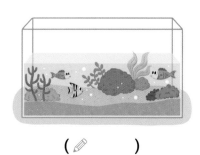

(✐   )

(✐   )

✏️ 교과서에서 '덜다'가 어떻게 쓰이는지 살펴보고, 문제를 풀어 보세요.

　어부들이 하루 동안 잡은 물고기 327마리 중에서 114마리는 오후에 잡았습니다. 그렇다면 오전에 잡은 물고기는 몇 마리인지 어떻게 구할 수 있을까요? 하루 동안 잡은 물고기의 수에서 오후에 잡은 물고기의 수를 빼면 오전에 잡은 물고기가 몇 마리인지 알 수 있습니다.

　이를 수 모형을 통해 계산해 봅시다. 327을 나타내는 수 모형에서 114만큼을 ⊙덜어 내고 남은 수 모형이 몇 개인지 세면 됩니다.

3 ⊙과 비슷한 뜻을 가진 낱말은 무엇인가요?　　　　　　　　(✏️　　)

① 빼고　　　　　② 더하고　　　　　③ 관찰하고　　　　　④ 유지하고

4 327을 나타내는 수 모형에서 114만큼을 덜어 내어 보세요.

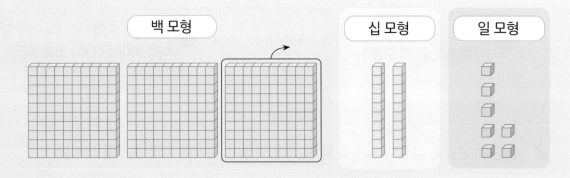

백 모형　　　　　　　　　　십 모형　　　일 모형

5 4를 참고하여 오전에 잡은 물고기는 몇 마리인지 구해 보세요.

$$\begin{array}{r} 3\ 2\ 7 \\ -\ 1\ 1\ 4 \\ \hline \square\ \square\ \square \end{array}$$

　　　　　　　　　　□ 마리

환경을 보호할 수 있는 방법에는 여러 가지가 있습니다. 우선 분리배출을 잘하면 쓰레기를 줄여 환경을 보호할 수 있습니다. 또 나눔 장터를 통하여 물건을 재활용하는 것도 도움이 됩니다. 또한 일회용품의 사용을 줄이고 다회용기를 사용하는 것도 환경 오염에 대한 ⓒ부담을 덜 수 있는 방법입니다. 그 외에도 [ⓒ]

6 ⓒ을 바꾸어 표현한 내용으로 알맞은 것은 무엇인가요? (✏)

① 부담을 줄 수 있는 방법

② 부담을 더할 수 있는 방법

③ 부담을 적게 할 수 있는 방법

7 ⓒ에 들어갈 수 있는 내용으로 알맞은 것을 모두 고르세요. (✏)

① 물건을 함부로 버리지 말고 아껴 쓴다.

② 폐수는 모아 두지 않고 바다에 흘려보낸다.

③ 공기가 깨끗해지도록 가까운 거리는 걸어 다닌다.

④ 실내 공기가 시원하도록 에어컨을 계속 틀어 둔다.

8 이 글의 내용을 대표하는 중심 문장은 무엇인가요? (✏)

① 환경을 보호할 수 있는 방법에는 여러 가지가 있습니다.

② 나눔 장터를 통하여 물건을 재활용하는 것도 도움이 됩니다.

③ 분리배출을 잘하면 쓰레기를 줄여 환경을 보호할 수 있습니다.

타다

과학	국어
다람쥐는 나무를 잘 **탑니다**.	화채를 만들려면 물에 꿀을 **탑니다**.

'나무를 타다.'와 '물에 꿀을 타다.'에서 '타다'는
글자의 형태만 같고 뜻은 서로 전혀 다른 낱말이야.

타다

밟고 오르거나 그것을
따라 지나가다.

도로

줄

산

나무

바위

파도

많은 양의 액체에 적은 양의
액체나 가루 등을 넣어 섞다.

코코아

커피

꿀물

서술어를 익혀요

타다

도로, 줄, 산, 나무, 바위 등을 밟고 오르거나 그것을 따라 지나가다.

(비슷한말) 오르다

(예) 설악산 정상에 올랐다.

원숭이는 나무를 잘 **탄다**.

타다

많은 양의 액체에 적은 양의 액체나 가루 등을 넣어 섞다.

(비슷한말) 섞다

(예) 물에 커피를 섞었다.

물에 미숫가루를 **탔다**.

'타다'에는 그 밖에 다양한 뜻이 더 많으니, 사전을 찾아 살펴보자.

✏ 연습하기

1 밑줄 그은 낱말의 뜻을 〈보기〉에서 골라 그 기호를 쓰세요.

〈보기〉

타다
㉠ 도로, 줄, 산, 나무, 바위 등을 밟고 오르거나 그것을 따라 지나가다.

타다
㉡ 많은 양의 액체에 적은 양의 액체나 가루 등을 넣어 섞다.

❶ 그는 험한 산을 오랫동안 다녀서 바위를 잘 **탔다**. ( )
❷ 기침을 하는 동생에게 주려고 따뜻한 물에 꿀을 조금 **탔다**. ( )

2 밑줄 그은 낱말의 뜻이 같은 문장끼리 선으로 이으세요.

❶ 물에 빨간색 물감을 **탔다**. •

❷ 그는 파도 타기 실력이 좋아서, 높은 파도도 잘 **탔다**. •

• ㉠ 따뜻한 우유에 설탕을 **탔다**.

• ㉡ 거미가 줄을 **타고** 내려온다.

✎ 교과서에서 '타다'가 어떻게 쓰이는지 살펴보고, 문제를 풀어 보세요.

과학 3학년 1학기 | #숲에 사는 동물

숲은 풀과 나무가 많은 곳입니다. 숲에 사는 동물은 저마다 숲 속 환경에서 살기에 알맞은 특징이 있습니다. 딱따구리는 단단한 부리로 나무에 구멍을 내어 곤충을 잡아먹습니다. 다람쥐는 날카롭고 강한 발톱이 있어서 나무를 잘 ㉠**탑니다**. 두더지는 큰 앞발로 땅속에 굴을 파고 삽니다.

▲ 다람쥐

3 ㉠과 바꾸어 쓸 수 있는 말은 무엇인가요?　　　　　　　(✎　　)

① 휘게 합니다.
② 밟고 올라갑니다.
③ 넣어서 섞습니다.

4 사다리를 타고 내려가 빈칸에 들어갈 알맞은 말을 쓰세요.

| 딱따구리 | 다람쥐 | 두더지 |

| 단단한 부리로 나무에
구멍을 ☐☐. | 큰 앞발로 땅속에
굴을 ☐☐. | 강한 발톱으로
나무를 잘 ☐☐. |

국어 | 3학년 1학기 | #단오 #명절

음력 5월 5일인 단오는 우리 조상들이 중요하게 생각했던 명절입니다. 남자들은 씨름을 하고 여자들은 그네를 ㉡타며 즐겁게 보냈습니다. 또 잘 익은 앵두로 화채를 만들어 먹기도 했습니다. 앵두화채를 만들려면 우선 물에 꿀을 ㉢탑니다. 이 물을 끓여서 식힌 후 손질해 둔 앵두를 넣고 잣을 띄우면 됩니다.

5 보기 에 제시된 '타다'의 뜻 중에서, ㉡과 ㉢의 뜻은 무엇인지 그 기호를 쓰세요.

> 보기 ⓐ 많은 양의 액체에 적은 양의 액체나 가루 등을 넣어 섞다.
>
> ⓑ 그네나 시소 등의 놀이기구에 몸을 싣고 앞뒤로, 위아래로 또는 원을 그리며 움직이다.

㉡: (✏) ㉢: (✏)

6 단오에 대한 설명으로 알맞지 <u>않은</u> 것은 무엇인가요? (✏)

① 음력 5월 5일인 명절이다.
② 수박으로 화채를 만들어 먹는다.
③ 남자들은 씨름을 하고 여자들은 그네를 탄다.

7 빈칸에 들어갈 수 있는 말을 모두 찾아 색칠하여 빙고 판에서 2줄을 완성하세요.

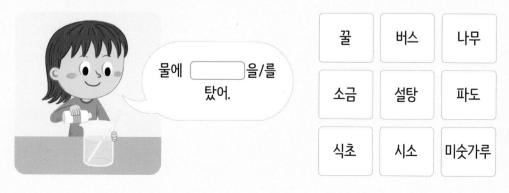

물에 [ ]을/를 탔어.

꿀	버스	나무
소금	설탕	파도
식초	시소	미숫가루

생기다

수학
종이를 두 번 접으면
각이 생깁니다.

과학
알이 옥수수처럼
생겼습니다.

'생기다'는 없던 것이 새로 있게 된다는 표현을 할
때, 사람이나 사물의 생김새가 어떠한 모양으로
된다는 표현을 할 때 써.

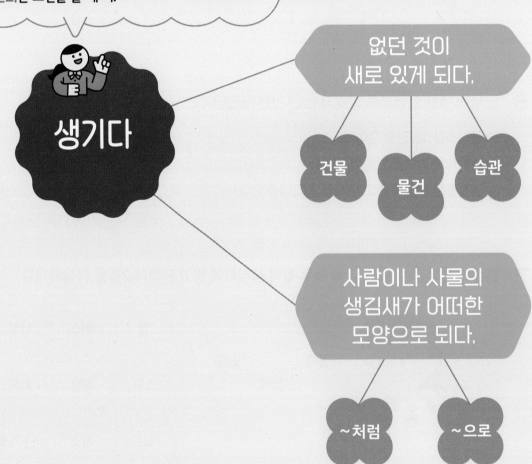

생기다

없던 것이
새로 있게 되다.

건물   물건   습관

사람이나 사물의
생김새가 어떠한
모양으로 되다.

~처럼   ~으로

정답과 해설 11쪽

생기다

❶ 없던 것이 새로 있게 되다.

(반대말) 없어지다

(예) 불이 나서 산에 나무가 없어졌다. .... 옷에 얼룩이 **생겼어.**

❷ 사람이나 사물의 생김새가 어떠한 모양으로 되다. .... 그 구슬은 꼭 사탕처럼 **생겼다.**

🖉 연습하기

1 밑줄 그은 낱말의 뜻에 맞는 말을 괄호 안에서 골라 ○표를 하세요.

❶ 우리 동네에 도서관이 <u>생겼다.</u>

→ 뜻 (없던 | 있던) 것이 새로 (없게 | 있게) 되다.

❷ 동생의 얼굴은 달걀 모양으로 <u>생겼다.</u>

→ 뜻 사람이나 사물의 (냄새 | 생김새)가 어떠한 (모양 | 동작)으로 되다.

2 밑줄 그은 낱말의 뜻이 같은 문장끼리 선으로 이으세요.

❶ 우리 도시에 제철소가 <u>생겼다.</u> •

❷ 그 아저씨는 얼굴이 험 상궂게 <u>생겼다.</u> •

• ㄱ 사막에 있는 바위가 버섯 처럼 <u>생겼다.</u>

• ㄴ 올챙이는 자라면서 다리가 <u>생기고</u> 꼬리가 짧아진다.

45

✏️ 교과서에서 '생기다'가 어떻게 쓰이는지 살펴보고, 문제를 풀어 보세요.

수학 3학년 1학기 | #각 #직각

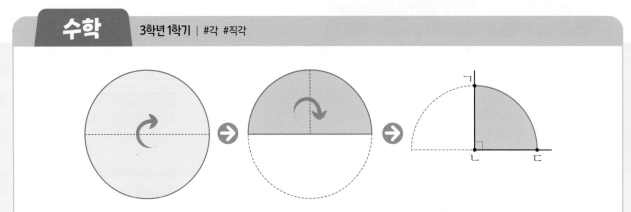

원 모양의 종이로 각을 만들어 봅시다. 우선 종이를 반듯하게 반으로 접습니다. 그리고 종이를 한 번 더 반듯하게 반으로 접습니다. 이렇게 종이를 반듯하게 두 번 접으면 각이 ㉠생기는데, 이 각을 직각이라고 합니다. 직각 ㄱㄴㄷ을 나타낼 때는 꼭짓점 ㄴ에 ⌐ 표시를 합니다.

3 ㉠과 의미가 반대되는 말이 <u>아닌</u> 것은 무엇인가요? (✏️   )

① 사라지는데
② 없어지는데
③ 만들어지는데

4 위와 같은 방법으로 아래의 세 각이 생겼다고 할 때, 세 각에 직각 표시를 해 보세요.

과학 3학년 1학기 | #배추흰나비의 한살이

배추흰나비는 배추나 케일과 같은 식물의 잎에 작은 알을 낳습니다. 알은 작고 둥근 타원형으로, 노란 옥수수처럼 ⓒ생겼습니다. 알에서 막 나온 애벌레는 몸 색깔이 노란색이지만 잎을 갉아 먹으면서 점차 초록색으로 변합니다. 애벌레는 자라면서 허물을 네 번 벗고 번데기가 됩니다. 시간이 지나면 번데기에서 어른벌레가 나옵니다. 이후 배추흰나비는 짝짓기를 하고 알을 낳는 과정을 반복하며 한살이를 되풀이합니다.

5 ⓒ의 뜻으로 알맞은 것은 무엇인가요? (✎)

① 없던 것이 새로 있게 되다.
② 사람이나 사물의 생김새가 어떠한 모양으로 되다.

6 이 글의 내용으로 볼 때 배추흰나비의 알은 무엇인가요? (✎)

①  ② 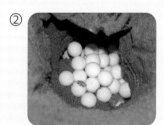 ③

7 빈칸에 알맞은 말을 써서 배추흰나비의 한살이 과정을 정리하세요.

| 배추흰나비가 ☐ 을/를 낳습니다. | → | ☐☐☐ 이/가 잎을 갉아 먹으며 자랍니다. | → | 허물을 벗고 난 후 ☐☐☐ 이/가 됩니다. | → | 번데기에서 어른벌레가 나옵니다. |

편리하다

사회	과학
장소를 상황에 맞게 이용하면 편리합니다.	등산할 때 등산화를 신으면 편리합니다.

'편리하다'는 편하고 이로우며 이용하기 쉽다는
표현을 할 때 써. 반대 상황일 때는 '불편하다'라고 해.

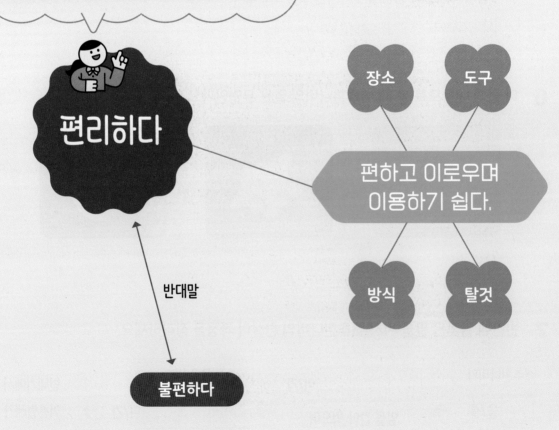

편리하다

장소   도구

편하고 이로우며
이용하기 쉽다.

방식   탈것

반대말

불편하다

서술어를 익혀요

정답과 해설 12쪽

편리하다 便 편할 **편** 利 이로울 **리**

편하고 이로우며 이용하기 쉽다.

반대말 불편하다

예 의자가 앉기에 불편하다.

> 이 수레는 짐을 옮기기에 **편리하다**.

> 그곳에 가려면 지하철을 타고 가는 것이 **편리하다**.

✏ 연습하기

1 밑줄 그은 낱말의 뜻으로 알맞은 것은 무엇인가요? (✏)

> 편의점은 집과 가까운 곳에 있어서, 필요한 물품을 쉽게 살 수 있어 <u>편리하다</u>.

① 편하고 이로우며 이용하기 쉽다.

② 도구나 물건 등을 충분히 잘 이용하다.

③ 어떤 것을 사용하거나 이용하는 것이 거북하거나 괴롭다.

2 빈칸에 들어갈 알맞은 낱말을 골라 선으로 이으세요.

❶ 책상이 너무 낮고 작아서 내가 사용하기에 [   ].

❷ 3단 우산은 가방에 넣을 수 있어 가지고 다니기에 [   ].

❸ 그 골목길은 차 한 대가 드나들기에도 좁아서 매우 [   ].

❹ 그 역에는 여러 곳으로 갈 수 있는 기차가 많아서 이동하기 [   ].

ㄱ 편리하다

ㄴ 불편하다

✏️ 교과서에서 '편리하다'가 어떻게 쓰이는지 살펴보고, 문제를 풀어 보세요.

사회　3학년 1학기 | #장소 #장소의 좋은 점과 불편한 점

　우리는 생활하면서 여러 장소를 이용합니다. 아플 때에는 병원에 가고, 읽고 싶은 책이 있으면 도서관에 갑니다. 다른 곳으로 이동할 때에는 버스 정류장에 가기도 합니다. 생활에 도움을 주기 위해 만들어진 여러 장소를 상황에 맞게 이용하면 매우 편리합니다. 이처럼 [㉠]고 느끼는 장소도 있지만, 또 어떤 장소는 사람에 따라 불편하다고 느낄 수도 있습니다. 우리는 불편한 점을 편리하게 바꾸기 위해 노력할 수 있습니다.

3　이 글의 내용으로 볼 때, ㉠에 들어갈 알맞은 낱말을 쓰세요.

☐ ☐ ☐ ☐

4　다음 중 우리 주변의 장소를 불편하게 느낀 친구는 누구인가요?　(✏️　)

> ◦ **지호**: 놀이터의 그네가 망가져서 탈 수가 없어.
> ◦ **수지**: 도서관에 다양한 책이 많고, 정리가 잘 되어 있어.
> ◦ **승후**: 횡단보도 신호등이 잘 보여서 길을 안전하게 건널 수 있어.

① 지호　　　　　② 수지　　　　　③ 승후

5　학교에서 불편한 점을 편리하게 바꾸기 위한 생각을 담아 홍보판을 만들었다고 할 때, 알맞지 <u>않은</u> 것은 무엇인가요?　(✏️　)

① 사물함을 내 것처럼 아껴서 사용합시다.

② 급식실에서 질서를 지킵시다.

③ 도서관의 책을 어려운 이웃에게 나눠 줍시다.

과학 3학년 1학기 | #동물의 특징 #생활용품

물에서 헤엄칠 때 오리발을 사용하거나, 등산을 할 때 등산화를 신으면 훨씬 더 ⓒ**편리합니다.** 이러한 생활용품이 동물의 특징을 이용했다는 것을 알고 있나요? 오리발은 오리나 개구리 물갈퀴의 생김새를 따라 만든 것이고, 등산화는 절벽을 잘 오르는 산양의 발굽이 가진 특징을 이용한 것입니다.

▲ 오리발

6 밑줄 그은 낱말 중 ⓒ의 쓰임으로 알맞은 것은 무엇인가요? (✎)

① 그 지역은 겹겹이 산에 가로막혀 있어 교통이 <u>편리하다.</u>
② 식물의 씨앗은 크기가 작아 돋보기로 관찰하면 <u>편리하다.</u>
③ 안내판의 내용이 군데군데 지워져 있어서 읽기 <u>편리하다.</u>
④ 짐이 실린 수레의 바퀴가 고장 나서 짐을 옮기기 <u>편리하다.</u>

7 괄호 안에 들어갈 알맞은 말을 골라 ○표를 하세요.

❶ 오리발을 사용하면 물에서 더 (쉽게 | 어렵게) 헤엄칠 수 있다.
❷ 등산화를 신으면 등산을 할 때 쉽게 (미끄러진다 | 미끄러지지 않는다).

8 이 글의 핵심 내용으로 알맞은 것은 무엇인가요? (✎)

① 우리 주변에는 다양한 생활용품이 있다.
② 등산을 할 때에는 미끄러지지 않도록 조심해야 한다.
③ 동물의 특징을 이용하여 편리한 생활용품을 만들 수 있다.

관리하다

국어	사회
장독을 소중히 관리했습니다.	공공 기관은 국가에서 관리합니다.

'관리하다'는 시설이나 물건을 유지하거나,
보완하여 고치는 등을 일을 맡아 한다는 표현을 할
때 써. 무엇을 관리하는지 문장에서 찾아서 함께
이해하는 것이 좋아.

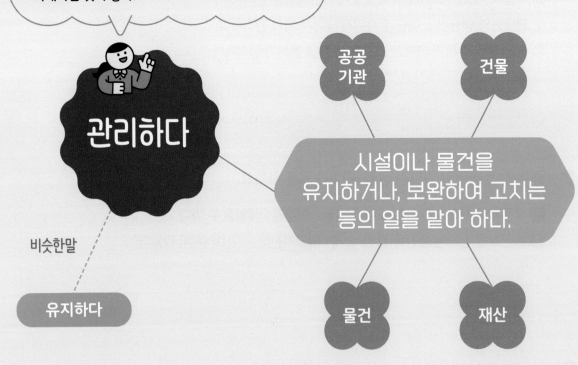

관리하다

비슷한말

유지하다

공공 기관   건물

시설이나 물건을
유지하거나, 보완하여 고치는
등의 일을 맡아 하다.

물건   재산

서술어를 익혀요

관리하다 管 돌볼 관 理 다스릴 리

시설이나 물건을 유지하거나, 보완하여 고치는 등의 일을 맡아 하다.

비슷한말) 유지하다

예) 건강을 위해 실내를 깨끗하게 <u>유지해야</u> 한다.

그 회사는 매주 수요일에 창고를 관리한다.

어머니께서 그동안 집안의 재산을 관리하셨다.

✎ 연습하기

1 밑줄 그은 낱말과 바꾸어 쓸 수 있는 낱말을 상자 속 글자 카드를 이용하여 쓰세요.

과학실에 있는 실험 기구를 깨끗하게 <u>유지한다</u>.

2 빈칸에 '관리하다'를 넣을 수 <u>없는</u> 문장의 기호를 쓰세요. (✎   )

㉠ 우리 지역을 소개하는 누리집은 시청에서 [   ].

㉡ 사람들은 미술관에서 다양한 예술 작품을 [   ].

㉢ 도서관에서는 책이 없어지거나 찢어지지 않도록 [   ].

㉣ 국립 공원은 뛰어난 자연 경치를 보호하기 위해 나라에서 [   ].

교과서를 이해해요

✏️ 교과서에서 '관리하다'가 어떻게 쓰이는지 살펴보고, 문제를 풀어 보세요.

국어 | **3학년 1학기** | #장독 #장

　㉠장독은 된장, 고추장 등을 익히는 항아리로, 우리 조상들은 장맛을 좋게 하려고 장독을 소중히 **관리했습니다.** ㉡우선 바람이 잘 통하는 곳에 두고, 주기적으로 장독을 열어 확인했습니다. ㉢또 장을 꺼낼 때 깨끗한 도구를 사용하여 장독 안에 이물질이 들어가지 않도록 했습니다. ㉣장독을 소중히 **관리한** 것은 장이 음식을 만드는 기본양념이기 때문입니다.

▲ 장독

3 이 글에 사용된 '관리하다'의 뜻으로 알맞은 것은 무엇인가요? (✏️　　)

① 시설이나 물건을 누구나 사용할 수 있도록 하다.
② 어떤 일을 여럿이 나누어서 차례에 따라 맡아 하다.
③ 시설이나 물건을 유지하거나, 보완하여 고치는 등의 일을 맡아 하다.

4 이 글에서 알 수 있는 장독을 관리하는 방법이 <u>아닌</u> 것은 무엇인가요? (✏️　　)

① 바람이 잘 통하는 곳에 둔다.
② 장을 꺼낼 때 깨끗한 도구를 사용한다.
③ 이물질이 들어가지 않도록 열어 보지 않는다.

5 ㉠~㉣ 중 이 글의 중심 문장은 무엇인가요? (✏️　　)

① ㉠　　　　　　② ㉡　　　　　　③ ㉢　　　　　　④ ㉣

사회 　3학년 1학기 | #공공 기관

　공공 기관은 개인이 아닌 주민 전체의 이익을 위해 만들어진 곳으로, 국가에서 세우거나 ⓜ<u>관리합니다</u>. 공공 기관은 사람들이 안전하고 쾌적하게 생활할 수 있도록 여러 가지 일을 합니다. 경찰서에서는 범죄를 예방하고, 소방서에서는 불을 끄고 응급 환자를 구조합니다. 또 공공 도서관에서는 주민들에게 책을 빌려주고, 우체국에서는 사람들에게 편지와 물건 등 우편물을 배달해 줍니다.

6 ⓜ과 뜻이 비슷한 낱말은 무엇인가요?　　　　　　　　　　　(🖉　　)

① 관찰합니다　　　　　　　　　　② 성장합니다
③ 유지합니다　　　　　　　　　　④ 포함합니다

7 다음은 공공 기관의 역할을 정리한 것입니다. 빈칸에 들어갈 알맞은 낱말을 골라 선으로 이으세요.

❶ 도서관에서는 책을 ▢▢▢▢.　　　　•　　•　ㄱ 구조한다

❷ 경찰서에서는 범죄를 ▢▢▢▢.　　　•　　•　ㄴ 배달한다

❸ 우체국에서는 우편물을 ▢▢▢▢.　　•　　•　ㄷ 빌려준다

❹ 소방서에서는 응급 환자를 ▢▢▢▢.　•　　•　ㄹ 예방한다

✏️ **다음 서술어를 찾아 ○표를 하며 읽어 보세요.**

덜다	타다	생기다
편리하다	관리하다	

1   어떤 가게에서는 점원과 로봇이 함께 아이스크림을 만듭니다. 이 로봇은 사람이 해야 할 일을 대신 하면서 사람의 일손을 덜어 줍니다. 이렇게 사람과 같은 공간에서 사람을 도와 일하는 로봇을 협동 로봇이라고 합니다. 아이스크림뿐만 아니라 어떤 로봇은 농장에서 과일을 따서 담기도 하고, 또 어떤 로봇은 카페에서 사람과 함께 커피를 ⓐ탑니다.

2   ㉠우리 주변에는 협동 로봇 외에도 다양한 로봇이 있습니다. ㉡예를 들어 집에서는 로봇 강아지와 함께 생활하기도 하는데, 생김새도 꼭 강아지처럼 생겼습니다. ㉢또 로봇 청소기는 집 안을 돌아다니며 바닥을 자동으로 청소를 해 주어 편리합니다. ㉣사람들이 일자리를 잃게 되고, 로봇이 갑자기 동작을 멈추면 심각한 상황이 일어납니다. ㉤그리고 배달 드론 로봇은 사람이 직접 배달하기 어려운 곳에 물건이나 음식을 대신 배달해 주기도 합니다.

3   로봇 연구자들은 로봇을 지금보다 더 빠르고 정확하게 움직이게 하려고 노력하고 있습니다. 특히 협동 로봇은 사람과 함께 생활하거나 움직이는 경우가 많아, 사람과 부딪히지 않도록 좀 더 안전하게 만들기 위한 연구를 계속하고 있습니다. 로봇을 사용하는 사람들도 로봇을 안전하게 활용하기 위해 로봇을 꾸준히 관리해야 합니다.

4   로봇에 대한 연구가 계속되면 생활 속 로봇은 더 발전하게 됩니다. 가까운 미래에는 사람의 일을 도와서 함께 하거나, 사람의 일을 대신 해 주는 로봇이 우리 주변에 훨씬 더 많아질 것입니다. 앞으로 훨씬 더 편리해질 우리의 미래가 기대됩니다.

공부한 서술어를 활용해 말풍선을 완성하세요.

로봇이 사람들의 일손을 ☐☐ 주는구나.

로봇 강아지가 꼭 진짜 강아지처럼 ☐☐☐.

1 이 글에 대한 설명으로 알맞지 <u>않은</u> 것은 무엇인가요?   (   )

① 사람이 하기 힘든 일을 대신 해 주는 로봇이 있다.

② 협동 로봇은 사람과 같은 공간에서 사람을 도와 일한다.

③ 로봇을 더 빠르고 안전하게 활용하려는 연구가 계속되고 있다.

④ 로봇은 따로 관리하지 않아도 우리 생활에서 계속 활용할 수 있다.

⑤ 로봇 청소기는 집에서 청소를 도와주는 일상생활 속 로봇 중 하나이다.

2 ㉠~㉤ 중 이 글의 흐름상 빼야 할 문장은 무엇인가요?   (   )

① ㉠   ② ㉡   ③ ㉢

④ ㉣   ⑤ ㉤

3 밑줄 그은 낱말 중 @와 비슷한 뜻으로 사용된 것은 무엇인가요?   (   )

① 코알라는 나무를 잘 <u>탄다</u>.

② 따뜻한 물에 녹차 가루를 조금 <u>탔다</u>.

③ 나는 가족과 함께 제주도에서 말을 <u>탔다</u>.

④ 도서관에 가려고 집 앞에서 버스를 <u>탔다</u>.

⑤ 안전줄에 몸을 묶고 암벽을 <u>타고</u> 올라갔다.

4 이 글의 글쓴이의 의견을 다음과 같이 정리할 때, 빈칸에 들어갈 알맞은 말을 쓰세요.

미래에는 사람의 일을 도와주는 □□ 이/가 우리 주변에 더 많아져서 우리의 삶이 더욱

□□ 해질 것이라고 생각한다.

이번 주 공부 끝! 자신 있게 사용할 수 있는 서술어에 V표를 하세요.

☐ 덜다   ☐ 타다   ☐ 생기다   ☐ 편리하다   ☐ 관리하다

3주

알맞은 명령어에 ○표를 하며
공부 준비를 확인해요.

1주   2주   **3주**   4주

← → 🔍

📖 이번 주 공부를 마치면

공부했던 5개의 낱말을   복습한다 / 예습한다

배운 낱말을 넣어서   글씨 / 문장   을/를 만들어 본다.

만약   헷갈리는 낱말이 있다면

↩   넘어간다. / 다시 한번 살펴본다.

지난주 / 다음 주   에 공부할 낱말을 미리 살펴본다.

어떻게 공부하는지 알겠죠?
이제 공부를 시작해 볼까요?

이번 주에는 무엇을 배울까요?

일차	서술어	과목	쪽수
11일	급하다	국어, 과학	60
12일	구하다	사회, 국어	64
13일	본뜨다	수학, 과학	68
14일	비슷하다	과학, 국어	72
15일	저장하다	과학, 사회	76
독해 연습			80

알고 있는 서술어에 V표를 하세요.

급하다　　구하다　　본뜨다

비슷하다　　저장하다

급하다

국어	과학
그 까마귀는 성격이 아주 **급했어요**.	고산 지대는 춥고 경사가 **급합니다**.

'급하다'는 성격이 참을성이 없다는 표현을 할 때, 기울기나 경사가 가파르다는 표현을 할 때 써. 무엇이 급한지 살펴보면 뜻을 쉽게 알 수 있어.

급하다

성격이 팔팔하여 참을성이 없다.

성격   성미

기울기나 경사가 가파르다.

산   오르막 길   계단

서술어를 익혀요

정답과 해설 16쪽

급하다 急 급할 급

① 성격이 팔팔하여 참을성이 없다.

(반대말) 느긋하다

(예) 은성이는 성격이 <u>느긋한</u> 편이다.

·············· 동생은 성미가 <u>급하다</u>.

② 기울기나 경사가 가파르다.

(반대말) 완만하다

(예) 언덕의 경사가 <u>완만하다</u>.

·············· 내리막길의 경사가 <u>급하다</u>.

'급하다'가 ❶의 뜻으로 쓰일 때는
'성격'과 함께 사용되고, ❷의 뜻으로 쓰일 때는
'경사'와 함께 사용되는 경우가 많아.

✎ 연습하기

1 밑줄 그은 낱말의 뜻을 (보기)에서 골라 그 기호를 쓰세요.

> (보기) **급하다**
>
> ㉠ 성격이 팔팔하여 참을성이 없다.
> ㉡ 기울기나 경사가 가파르다.

❶ 그 산은 경사가 <u>급하지</u> 않다. (✎   )
❷ 형은 성격이 <u>급해서</u> 오래 기다리지 못한다. (✎   )

2 밑줄 그은 낱말의 뜻이 서로 반대되는 것을 골라 선으로 이으세요.

❶ 삼촌은 성미가 <u>급해서</u> 걸음도 빠른 편이다.   •

❷ 산 정상 쪽의 암벽은 경사가 매우 <u>급했다</u>.   •

•   ㉠ 오르막길과 달리 내리막길은 경사가 <u>완만했다</u>.

•   ㉡ 진우는 성격이 <u>느긋하고</u> 늘 웃는 얼굴이라 인기가 많다.

교과서를 이해해요

✎ 교과서에서 '급하다'가 어떻게 쓰이는지 살펴보고, 문제를 풀어 보세요.

국어 3학년 1학기 | #까마귀와 물병 #성격

몹시 더운 여름날, 두 까마귀가 물을 찾아다니고 있었어요. 그러다 물이 반쯤 차 있는 물병을 발견했어요. 그런데 물병의 주둥이가 좁아 부리가 병 속으로 들어가지 않았어요.

⑦ ┌ 그중 한 까마귀가 다짜고짜 물병을 밀었어요. 그 까마귀는 성격이 아주 ㉠**급했거든요.** 하지만 물병은 꼼짝도 하지 않았어요. 물병을 밀었던 까마귀는 금방 포기해 버리고 말았어요. 물병 속 물을 마실 수 없다고 생각하고 혼자 훨훨 날아가 버렸어요.

3 ㉠과 뜻이 반대되는 낱말은 무엇인가요? (✎   )

① 가파르다   ② 느긋하다   ③ 서두르다   ④ 완만하다

4 두 까마귀가 물병을 발견했지만 물을 마시지 <u>못한</u> 까닭은 무엇인가요? (✎   )

① 물병을 밀었기 때문에
② 물병이 잠겨 있었기 때문에
③ 물병의 주둥이가 좁았기 때문에

5 보기 는 ⑦의 뒷부분에 이어지는 이야기입니다. ⑦와 보기 를 <u>잘못</u> 이해한 것은 무엇인가요? (✎   )

> 보기 남아 있던 다른 까마귀는 물병 속 물을 마실 수 있는 방법이 분명히 있을 것이라고 생각했어요. 그러다 좋은 생각이 떠올랐지요. 까마귀는 물병 속에 작은 돌멩이를 계속 넣었어요. 물병 속 물은 점점 위로 차올랐고, 까마귀는 물을 마실 수 있었어요.

① ⑦의 까마귀는 포기가 빠른데, <보기>의 까마귀는 끈기가 있어.
② ⑦의 까마귀는 목표를 이루지 못했는데, <보기>의 까마귀는 목표를 이뤘어.
③ ⑦의 까마귀는 차분히 생각하여 행동하는데, <보기>의 까마귀는 성급하게 행동해.

과학   3학년 1학기 | #산양 #고산 지대 #동물의 특징

동물은 다양한 곳에서 살고 있으며, 저마다 살고 있는 환경에 알맞은 특징이 있습니다. 산양은 높은 산이나 언덕이 많은 고산 지대에서 무리를 지어 사는데, 이곳은 춥고 경사가 ⓒ<u>급합니다</u>. 그래서 산양은 추운 날씨를 견딜 수 있는 두꺼운 털로 몸이 덮여 있고, 경사진 곳을 잘 오르기 위한 강한 발과 발굽을 가지고 있습니다. 한편 수달은 강가에서 물과 땅을 오가며 삽니다. 발가락 사이에 물갈퀴가 있어서 강의 물살이 **급해도** 헤엄을 잘 칠 수 있습니다.

6 ⓒ을 설명하는 모습으로 알맞은 것은 무엇인가요?   (   )

①    ②    ③

7 괄호 안에서 알맞은 낱말을 골라 ○표를 해서 내용을 완성하세요.

> '급하다'는 산이나 언덕을 설명할 때 기울기나 경사가 (가파르다 | 완만하다)는 뜻으로 사용되기도 하지만, '강의 물살이 급해서 건너기 어렵다.'와 같이 계곡이나 강을 설명할 때도 사용됩니다. 이때는 물살의 속도가 매우 (느리다 | 빠르다)는 뜻입니다.

8 산양과 수달에 대한 설명으로 알맞지 <u>않은</u> 것은 무엇인가요?   (   )

① 산양은 무리를 지어 생활한다.
② 산양은 털이 얇아 몸이 가볍다.
③ 수달은 물과 땅을 오가면서 산다.

구하다

사회	국어
오래된 물건을 구해서 살펴보았다.	반달곰이 위험에 처한 너구리를 구해 주었다.

'필요한 것을 구하다.'와 '위험한 상황에서 구하다.'의 '구하다'는 글자의 형태만 같고 뜻은 서로 전혀 다른 낱말이야.

구하다

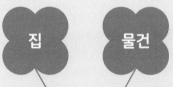

집   물건

필요한 것을 찾다.

사람   일자리

위태롭거나 어려운 상황에서 벗어나게 하다.

목숨   나라

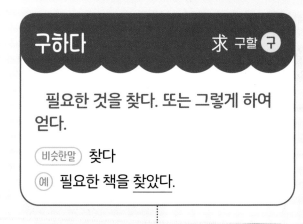

구하다   求 구할 **구**

필요한 것을 찾다. 또는 그렇게 하여 얻다.

(비슷한말) 찾다

(예) 필요한 책을 <u>찾았다</u>.

그는 일자리를 **구한다**.

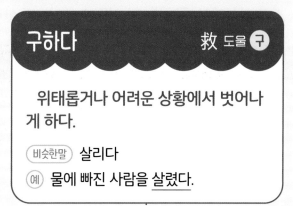

구하다   救 도울 **구**

위태롭거나 어려운 상황에서 벗어나게 하다.

(비슷한말) 살리다

(예) 물에 빠진 사람을 <u>살렸다</u>.

그가 죽어 가던 강아지의 목숨을 **구했다**.

✏️ 연습하기

1 밑줄 그은 낱말의 뜻에 맞는 말을 괄호 안에서 골라 ○표를 하세요.

❶ 모둠 활동에서 사용할 만들기 재료를 모두 <u>구했다</u>.

→ 뜻   필요한 것을 (보다 | 찾다). 또는 그렇게 하여 얻다.

❷ 안중근 의사는 일제로부터 나라를 <u>구하려고</u> 자신의 목숨을 바쳤다.

→ 뜻   위태롭거나 어려운 상황에서 (벗어나게 | 살아가게) 하다.

2 밑줄 그은 낱말과 바꾸어 쓸 수 있는 낱말을 상자 속 글자 카드를 이용하여 쓰세요.

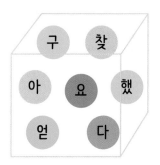

아들은 어머니의 병을 낫게 해 줄 수 있다고 하는 귀한 약초를 마침내 <u>찾았다</u>.

65

교과서를 이해해요

✏️ 교과서에서 '**구하다**'가 어떻게 쓰이는지 살펴보고, 문제를 풀어 보세요.

주변에서 오래된 물건을 ㉠**구해서** 살펴보면, 그 물건을 사용하던 당시 사람들의 생활 모습을 짐작해 볼 수 있습니다. 예를 들어 카세트테이프는 카세트라는 기계에 넣어 소리나 음악을 듣던 물건으로, 예전에는 음악을 들을 때 카세트테이프를 사용했다는 것을 알 수 있습니다.

▲ 카세트테이프

3 밑줄 그은 말이 ㉠과 쓰임이 <u>다른</u> 것은 무엇인가요? (✏️)

① 그는 구급대원의 빠른 응급 처치로 생명을 <u>구했다</u>.
② 어머니는 신선한 생선을 <u>구하러</u> 수산시장에 가셨다.
③ 산 주변을 돌아다니며 땔감으로 쓸 나뭇가지를 <u>구했다</u>.

4 오래된 물건을 통해 알 수 있는 것은 무엇인가요? (✏️)

① 이 물건을 사용할 미래 사람들의 생활 모습
② 이 물건을 사용한 당시 사람들의 생활 모습

5 괄호 안에서 알맞은 낱말에 ○표를 하여 문장을 완성하세요.

이것은 옛날에 곡식을 가는 데 사용했던 맷돌입니다. 오늘날처럼 (믹서기 | 전자렌지)가 널리 사용되지 않을 때 맷돌로 곡식을 (갈았다는 | 익혔다는) 것을 알 수 있습니다.

국어 3학년 1학기 | #인상 깊은 장면

지민: 강준아, 아까 우리가 읽은 동화에서 가장 인상 깊은 장면이 뭐야?

강준: 동화의 마지막 부분에서 구덩이에 빠진 너구리가 그동안 반달곰을 여러 번 골탕 먹인 일에 대해 반달곰에게 진심으로 사과하잖아. 반달곰이 그런 너구리를 용서하고 위험에 처한 너구리를 ⓒ**구해** 주는 장면이 기억에 남아.

지민: 나는 동화의 처음 부분에서 반달곰이 너구리를 위해 먹을 것을 ⓒ**구해서** 가져오는 장면이 기억에 남아. 반달곰이 처음 만난 너구리를 친구로 여기는 다정한 마음이 느껴졌거든.

6 '구하다'의 뜻을 다음과 같이 정리할 때, ⓒ과 ⓒ에 해당하는 뜻을 찾아 그 기호를 쓰세요.

> ■ **구하다** (求하다)
> ❶ 필요한 것을 찾다. 또는 그렇게 하여 얻다. ····················· (✎   )
>   예) 약을 구하다.
> ■ **구하다** (救하다)
> ❶ 위태롭거나 어려운 상황에서 벗어나게 하다. ····················· (✎   )
>   예) 목숨을 구하다.

7 친구들이 이야기하고 있는 동화의 내용이 순서대로 배치되도록 숫자를 쓰세요.

너구리가 구덩이에 빠짐.	너구리가 반달곰을 골탕 먹임.	반달곰이 너구리를 구덩이에서 꺼내 줌.	반달곰이 너구리에게 먹을 것을 가져다줌.
(✎)	(✎)	(✎)	(✎)

본뜨다

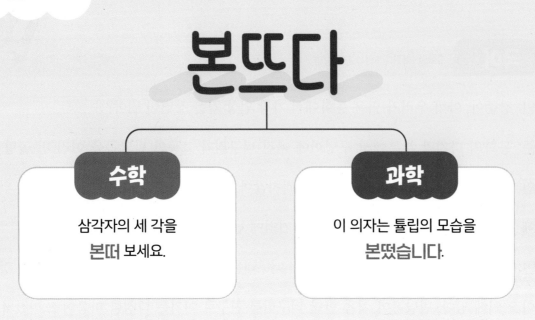

수학	과학
삼각자의 세 각을 본떠 보세요.	이 의자는 튤립의 모습을 본떴습니다.

'본뜨다'는 이미 있는 대상을 본으로 삼아 그대로 따라 만든다는 표현을 할 때 써. 무엇을 본떴는지 찾으면 문장을 이해하기 쉬워.

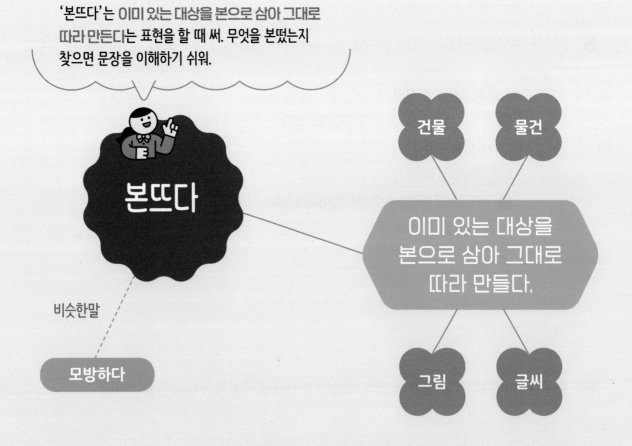

본뜨다

비슷한말
모방하다

건물   물건

이미 있는 대상을
본으로 삼아 그대로
따라 만들다.

그림   글씨

서술어를 익혀요

본뜨다 　　　　　本 근본 본

이미 있는 대상을 본으로 삼아 그대로 따라 만들다.

(비슷한말) 모방하다

(예) 그 사람의 글씨를 <u>모방하였다.</u>

> 접시를 도화지 위에 엎어 두고 둥근 모양을 그대로 **본떴다.**

> 이 과자는 옥수수의 모양을 **본떠서** 만들었어.

본으로 삼는다는 것은 따라 하려는 대상으로 여긴다는 뜻이야.

✏️ 연습하기

1 밑줄 그은 낱말의 뜻에 맞는 말을 괄호 안에서 골라 ○표를 하세요.

> 그림 연습을 하려고 유명한 화가의 작품을 <u>본떴다.</u>

→ (뜻) (원래 없던 | 이미 있는) 대상을 본으로 삼아 (그대로 따라 | 다르게 바꾸어) 만들다.

2 빈칸에 들어갈 '본뜨다'의 형태로 알맞은 것은 무엇인가요? 　　　　(✐　　　)

> 이 장난감은 거북선의 모양을 [　　　　] 만들었어.

① 본따서 　　　　　② 본떠서 　　　　　③ 본뜨서

3 빈칸에 공통으로 들어갈 말로 알맞지 <u>않은</u> 것은 무엇인가요? 　　　　(✐　　　)

> 훈민정음은 세종 대왕이 만든 우리나라의 글자입니다. 'ㄱ, ㄴ, ㅁ, ㅅ, ㅇ'은 소리가 나오는 곳의 모양을 그대로 따라 만들었습니다. 예를 들어 'ㅁ'은 입술 모양을 [　　　　]. 또 'ㅇ'은 목구멍 모양을 [　　　　].

① 남겼습니다 　　　　② 본떴습니다 　　　　③ 모방했습니다

교과서를 이해해요

✏️ 교과서에서 '본뜨다'가 어떻게 쓰이는지 살펴보고, 문제를 풀어 보세요.

한 점에서 그은 두 반직선으로 이루어진 도형을 각이라고 합니다. 그림의 각을 각 ㄱㄴㄷ 또는 각 ㄷㄴㄱ이라 하고, 이때 점 ㄴ을 각의 꼭짓점이라고 합니다. 이제 각을 직접 그려 볼까요? 종이 위에 삼각자의 세 각을 ㉠**본떠** 보세요.

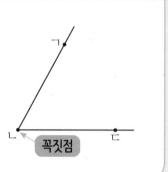

꼭짓점

4 ㉠의 의미로 알맞은 것은 무엇인가요? (✏️)

① 상상하여 그려 보세요.
② 그대로 따라 만들어 보세요.
③ 이미 있는 대상을 찾아보세요.

5 삼각자의 세 각을 바르게 본뜬 것은 무엇인가요? (✏️)

①

②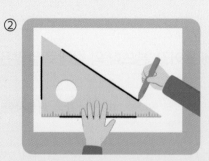

6 ◆접자에 만들어진 각을 본떠 보세요.

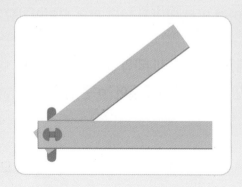

◆ **접자**: 접었다 폈다 할 수 있게 만든 자

과학 　3학년 1학기 | #식물의 특징 #창의 융합

　사람들이 만든 건물이나 조형물 중에는 식물의 아름답고 특이한 모습을 ⓒ**본떠서** 만든 것들이 있습니다. 네덜란드의 어떤 의자는 꽃의 모습을 ⓒ그대로 따라 만들었습니다. 평소에는 꽃잎을 오므린 모습이지만, 꽃잎을 펼치면 의자가 됩니다.

▲ 네덜란드의 의자

7 ⓒ을 바르게 사용한 문장이 **아닌** 것은 무엇인가요? 　　　　　(✎ 　　　)

① 배추흰나비의 알은 옥수수의 모양을 본떴다.

② 종이 위에 단풍잎을 올려놓고 그대로 본떠 그렸다.

③ 이 옷감은 여러 개의 작은 물방울 모양을 본떠서 만들었다.

8 이 글에 쓰인 낱말을 이용하여 ⓒ과 바꾸어 쓸 수 있는 말을 쓰세요.

9 위의 사진을 참고할 때, 이 글에서 설명하고 있는 의자는 어떤 식물의 모습을 본떴을까요? 　　　　　　　　　　　　　(✎ 　　　)

①

▲ 개나리

②

▲ 수국

③

▲ 튤립

비슷하다

과학

벼와 사과나무의
한살이 과정이 **비슷합니다.**

국어

'아이'와 '어린이'는
뜻이 **비슷합니다.**

'비슷하다'는 두 대상이 똑같지는 않지만 일치하는
점이 많다는 표현을 할 때 써. 무엇과 무엇이 비슷한지
찾아서 살펴봐야 해.

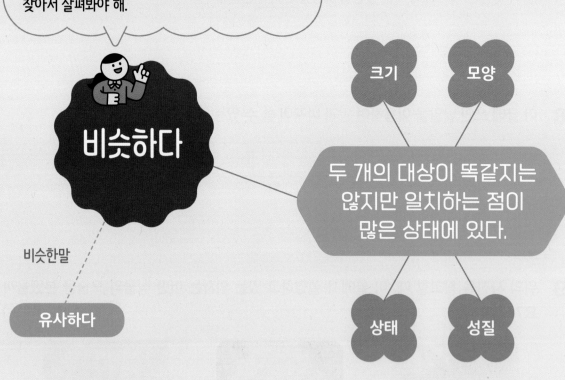

비슷하다

비슷한말

유사하다

크기   모양

두 개의 대상이 똑같지는
않지만 일치하는 점이
많은 상태에 있다.

상태   성질

비슷하다

두 개의 대상이 크기, 모양, 상태, 성질 등이 똑같지는 않지만 전체적 또는 부분적으로 일치하는 점이 많은 상태에 있다.

(비슷한말) 유사하다

(예) 두 그림은 풍경이 유사하다.

개와 고양이는 둘 다 새끼를 낳는다는 점이 비슷하다.

아버지와 나는 닮은 점이 별로 없는데 급한 성격은 비슷하다.

'비슷하다'를 쓸 때는 대상이 두 개이거나, 혹은 여럿이어야 해.

✏️ 연습하기

1 밑줄 그은 낱말의 뜻에 맞는 말을 괄호 안에서 골라 ○표를 하세요.

선우와 민하가 키운 강낭콩 화분의 키가 비슷하다.

→ (뜻) 두 개의 대상이 크기, 모양, 상태, 성질 등이 (똑같지만 │ 똑같지는 않지만) 전체적 또는 부분적으로 (다른 │ 일치하는) 점이 많은 상태에 있다.

2 빈칸에 '비슷하다'를 쓸 수 <u>없는</u> 문장의 기호를 쓰세요. (✏️　　)

ㄱ 집 앞의 공원에서 _____.

ㄴ 이모와 삼촌은 나이가 _____.

ㄷ 바나나 두 개의 크기가 _____.

ㄹ 번데기의 색이 나뭇가지의 색깔과 _____.

교과서를 이해해요

✏️ 교과서에서 '비슷하다'가 어떻게 쓰이는지 살펴보고, 문제를 풀어 보세요.

벼는 볍씨에서 싹이 튼 뒤 잎과 줄기가 자랍니다. 그리고 꽃을 피우고 열매를 맺어 씨를 만드는 한살이의 과정을 거칩니다. ㉠사과나무의 한살이 과정도 벼와 **비슷합니다.** 하지만 다른 점도 있습니다. 벼는 한살이의 과정을 한 해 안에 거친 뒤 죽지만, 사과나무는 여러 해를 살면서 이 과정을 되풀이합니다.

▲ 벼

3 ㉠의 의미로 알맞은 것은 무엇인가요?　　　　　　　(✏️　　　)

① 두 식물의 한살이 과정이 완전히 일치한다는 의미이다.
② 두 식물의 한살이 과정 중 일치하는 부분이 많다는 의미이다.
③ 두 식물의 한살이 과정 중 일치하는 부분이 한 가지 있다는 의미이다.

4 괄호에 들어갈 알맞은 말에 ○표를 하여 벼의 한살이 과정을 정리하세요.

씨에서 싹이 (숨다 | 트다). → 잎과 줄기가 (자라다 | 자르다). → 꽃이 (솟다 | 피다).

씨를 만들다. ← 열매를 (매다 | 맺다).

5 벼와 사과나무의 한살이 과정 중 다른 점은 무엇인가요?　　(✏️　　　)

① 벼는 열매를 맺지 않지만, 사과나무는 열매를 맺는다.
② 벼는 한 해 안에 죽지만, 사과나무는 여러 해를 산다.
③ 벼는 한살이 과정을 여러 번 하지만 사과나무는 한 번만 한다.

국어 3학년 1학기 | #뜻이 비슷한 낱말

우리말에는 소리는 다르지만 뜻이 **비슷한** 낱말들이 있습니다. 예를 들어 '아이'와 '어린이'는 나이가 어린 사람을 가리키는 말로 뜻이 **비슷합니다.** 또 매운맛을 표현하는 '맵다'와 '매콤하다'도 [㉡] 말입니다. '뛰다'와 '달리다' 역시 빠르게 움직이는 동작을 표현하는 비슷한 낱말입니다.

---

6 ㉡에 들어갈 말로 알맞은 것은 무엇인가요? (✎   )

① 뜻이 비슷한   ② 뜻이 반대되는   ③ 소리가 비슷한

---

7 소리는 다르지만 뜻이 비슷한 낱말이 <u>아닌</u> 것은 무엇인가요? (✎   )

① 덜다 - 빼다   ② 본뜨다 - 모방하다
③ 비슷하다 - 유사하다   ④ 편리하다 - 불편하다

---

8 밑줄 그은 말과 뜻 비슷한 낱말은 무엇인가요? (✎   )

사과가 불그스름하게 익어 가는구나.

① 거무스레하다   ② 노르스레하다
③ 불그스레하다   ④ 푸르스레하다

저장하다

과학	사회
선인장은 줄기에 물을 저장합니다.	필요한 사진을 저장합니다.

'저장하다'는 물건을 모아서 잘 보호하거나 보관한다는 표현을 할 때 써. 이때 어디에 무엇을 저장하는지 살펴봐야 해.

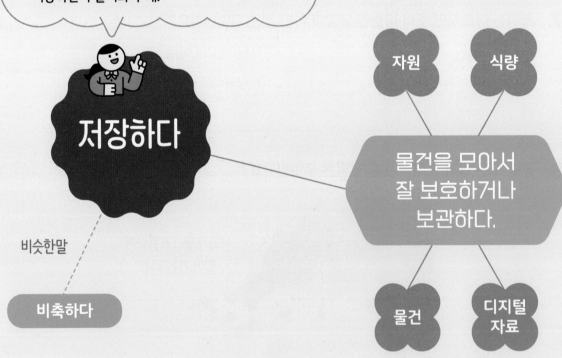

저장하다

비슷한말

비축하다

자원   식량

물건을 모아서 잘 보호하거나 보관하다.

물건   디지털 자료

저장하다   貯 쌓아 둘 저 藏 지킬 장

물건을 모아서 잘 보호하거나 보관하다.

(비슷한말) 비축하다

(예) 창고에 양식을 비축해 두었다.

김치냉장고에 김치를 저장한다.

문서 파일을 노트북에 저장했다.

디지털 자료를 나중에 사용하려고
보관하는 것도 '저장하다'라고 해.

✏️ 연습하기

1 밑줄 그은 낱말의 뜻으로 알맞은 것은 무엇인가요?   (✐   )

> 다람쥐는 겨울 동안 먹을 먹이를 땅속에 저장한다.

① 물건을 모아서 잘 보호하거나 보관하다.

② 어떤 사물을 남이 보이지 않는 곳에 두다.

③ 흐트러진 것을 한데 모으거나 치워서 질서 있는 상태가 되게 하다.

2 밑줄 그은 말과 바꾸어 쓸 수 있는 낱말은 무엇인가요?   (✐   )

> 공장에서 만든 물건을 창고에 저장했다.

① 고정했다   ② 비축했다   ③ 전시했다

3 빈칸에 '저장하다'를 쓸 수 없는 문장의 기호를 쓰세요.   (✐   )

> ㉠ 해바라기를 키우려고 씨를 땅에 [   ].
> ㉡ 옛날 사람들은 김치를 담가 장독에 [   ].
> ㉢ 농사지을 때 쓰려고 빗물을 물탱크에 [   ].
> ㉣ 학교 누리집에 올라온 우리 반 사진을 컴퓨터에 [   ].

77

교과서를 이해해요

✏️ 교과서에서 '저장하다'가 어떻게 쓰이는지 살펴보고, 문제를 풀어 보세요.

과학 | 3학년 1학기 | #선인장 #식물의 생활

사막에 사는 식물의 생김새와 생활 방식은 어떠할까요? 선인장은 줄기에 물을 ㉠모아서 보관하고, 잎은 가시 모양이어서 물이 빠져나가는 것을 줄여 줍니다. 알로에나 용설란은 잎에 물을 **저장해** 둡니다. 이와 같이 사막에 사는 식물은 물이 부족한 환경에서 살기에 알맞은 특징을 가지고 있습니다.

▲ 선인장

4 ㉠과 바꾸어 쓸 수 있는 낱말로 알맞은 것은 무엇인가요? (✏️)

① 사용하고   ② 저장하고   ③ 통과하고

5 이 글의 핵심 내용을 파악하여 빈칸에 들어갈 알맞은 말을 쓰세요.

☐☐ 에 사는 식물은 물이 ☐☐ 한 환경에서 살기에 알맞은 특징을 가지고 있다.

6 빈칸에 들어갈 내용으로 알맞은 것은 무엇인가요? (✏️)

선인장과 알로에는 물이 부족한 환경에 견디도록 [＿＿＿＿＿＿＿]이 있습니다. 이러한 식물은 집에서 키울 때 물을 너무 많이 주면, 뿌리가 썩어 죽을 수도 있습니다.

① 밤에도 잘 자라는 특성
② 물을 저장해 두는 특성
③ 물속에 뿌리를 내리는 특성

사회 3학년 1학기 | #지역의 옛날 모습

우리 지역은 예전에 어떤 모습이었을까요? 지역의 예전 모습이 담긴 사진 자료가 있다면 지역의 달라진 모습을 이해하는 데 도움이 됩니다. 사진 자료는 인터넷을 이용하여 찾아볼 수 있습니다. 인터넷 검색창에서 '지역의 과거', '지역의 옛날 모습' 등을 검색해 봅니다. 지역의 옛날 모습이 담긴 사진을 찾아 살펴보고, ⓒ필요한 사진은 골라서 **저장합니다.**

▲ 마포 강변 빨래터(1962년)

7 ⓒ의 의미로 알맞은 것은 무엇인가요? (✏)

① 사진을 상자에 모아 둔다는 의미이다.
② 사진이 있는 누리집 주소를 메모해 둔다는 의미이다.
③ 사진 파일을 자신의 컴퓨터 등의 기기에 보관한다는 의미이다.

8 이 글의 내용을 다음과 같이 정리할 때, 괄호 안에 들어갈 수 있는 낱말을 각각 찾아 묶으세요.

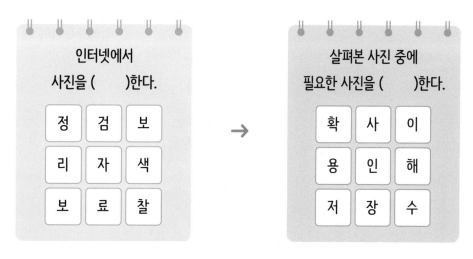

인터넷에서
사진을 ( )한다.

정	검	보
리	자	색
보	료	찰

→

살펴본 사진 중에
필요한 사진을 ( )한다.

확	사	이
용	인	해
저	장	수

✏ 다음 서술어를 찾아 ○표를 하며 읽어 보세요.

| 급하다 | 구하다 | 저장하다 |

| 본뜨다 | 비슷하다 |

1 　동물은 숲, 강이나 바다, 고산 지대, 사막, 극지방 등 다양한 환경에서 살아갑니다. 그리고 동물의 생김새와 생활 방식은 사는 곳의 환경과 관련되어 있습니다. 고산 지대는 춥고 경사가 급합니다. 이곳에 사는 눈표범은 추위를 이길 수 있도록 털이 두껍고, 경사가 급한 곳도 잘 올라갈 수 있도록 다리 근육이 발달하였습니다.

2 　사막과 같이 살기 어려운 곳에도 동물이 살고 있습니다. 무덥고 비가 잘 오지 않는 사막에서는 물이나 먹이를 구하려면 멀리까지 가야 하는 경우가 많습니다. 이곳에 사는 낙타는 혹에 지방을 저장합니다. 그래서 오랫동안 물과 먹이가 없이도 생활할 수 있습니다. 또 사막여우는 큰 귀로 열을 내보내서 사막의 뜨거운 기온에도 적응하여 살아갑니다.

3 　사람들은 이런 동물의 독특한 생김새나 특징을 이용하여 생활에 필요한 것을 만들기도 합니다. 기중기의 집게는 독수리의 발톱 모양과 ⟨　ⓐ　⟩. 독수리의 발톱은 날카롭고 구부러져 있어서 먹이를 움켜쥐면 놓치지 않는데, 기중기의 집게는 이러한 모양을 본떠서 물건을 잘 집어 올리도록 만들어졌습니다.

4 　상어의 피부를 본떠서 만든 전신 수영복도 있습니다. 상어의 피부에는 바닷속에서 마찰을 줄여 주는 돌기가 있습니다. 전신 수영복의 표면도 상어의 피부와 비슷하여, 빠르게 헤엄치는 데 도움이 됩니다. 이와 같이 동물은 사는 곳에 따라 다양한 특징이 있고, 이러한 특징을 이용하면 편리한 생활용품을 만들 수 있습니다.

공부한 서술어를 활용해 말풍선을 완성하세요.

나는 혹에 지방을 ⬜⬜⬜.

물이나 먹이를 ⬜⬜⬜⬜ 멀리까지 가야 해.

1 이 글에 대한 설명이 맞으면 ○표, 틀리면 X표를 고르세요.

❶ 극지방처럼 살기 어려운 곳에도 동물이 살고 있다. ○ X

❷ 동물의 생김새나 특징을 이용하여 만든 생활용품이 있다. ○ X

❸ 같은 환경에서 사는 동물은 생김새나 생활 방식의 특징이 똑같다. ○ X

2 ❶, ❷문단을 다음과 같이 정리할 때, 괄호 안에 들어갈 알맞은 말에 ○표를 하세요.

	고산 지대	사막
환경의 특징	· 경사가 (급하다 ∣ 완만하다). · 기온이 (낮다 ∣ 높다).	· 비가 잘 (온다 ∣ 오지 않는다). · 기온이 높다.
살고 있는 동물의 특징	· 눈표범: 털이 두껍고 다리 근육이 발달하였다.	· 낙타: 혹에 지방을 저장한다. · 사막여우: 큰 귀로 (물 ∣ 열)을 내보낸다.

3 전신 수영복을 상어의 피부를 본떠서 만든 이유는 무엇인가요?   (✎   )

① 상어처럼 보이게 하기 위해서

② 빠르게 헤엄칠 수 있도록 하기 위해서

③ 물속에서 체온을 따뜻하게 유지하기 위해서

4 보기 의 뜻을 가진 낱말로, ㉠에 들어갈 알맞은 말을 쓰세요.

> 보기   두 개의 대상이 크기, 모양, 상태, 성질 등이 똑같지는 않지만 전체적 또는 부분적으로 일치하는 점이 많은 상태에 있다.

☐ ☐ ☐ ☐ ☐

이번 주 공부 끝! 자신 있게 사용할 수 있는 서술어에 V표를 하세요.

☐ 구하다   ☐ 급하다   ☐ 본뜨다   ☐ 비슷하다   ☐ 저장하다

4주

이 책을 끝낸 뒤에
하고 싶은 일을 떠올리며
빈칸을 채워 봐요!

1주 2주 3주 **4주**

← → 🔍

⭐ 이 책을 끝냈을 때

큰 소리로 _____ (이)라고 말하기

____ 초 동안 신나게 춤추기

만약 〈 열심히 공부했다면 〉

↩ 내가 좋아하는 _____ 하기

간식으로 _____ 먹기

이 책을 마치면 정말 신나겠죠?
마지막 주 공부를 시작해 볼까요?

이번 주에는 무엇을 배울까요?

일차	서술어	과목	쪽수
16일	뽑히다	과학, 사회	84
17일	거치다	사회, 과학	88
18일	헤아리다	수학, 국어	92
19일	활용하다	사회, 국어	96
20일	검색하다	사회, 국어	100
독해 연습			104

알고 있는 서술어에 V표를 하세요.

☐ 뽑히다   ☐ 거치다   ☐ 헤아리다

☐ 활용하다   ☐ 검색하다

뽑히다

과학	사회
도구를 이용하면 못이 쉽게 **뽑힙니다.**	우리 반 안전 도우미로 내가 **뽑혔다.**

'뽑히다'는 남의 행동을 입어서 박힌 것이 빼내진다는
표현을 할 때, 여럿 가운데에서 골라진다는 표현을
할 때 써.

뽑히다

박힌 것이
잡아당겨져 빼내지다.

못   나무

여럿 가운데에서
골라지다.

대표   선수   임원

서술어를 익혀요

정답과 해설 23쪽

뽑히다

❶ 박힌 것이 잡아당겨져 빼내지다.

비슷한말 빠지다

예 책상 다리에서 못이 빠졌다.

> 태풍이 지나가면서 나무가 뿌리째 뽑혔다.

❷ 여럿 가운데에서 골라지다.

비슷한말 당선되다

예 그는 시장에 당선되었다.

> 시아가 이번 선거에서 우리 반 회장으로 뽑혔다.

행동하는 대상이 직접 박힌 것을 빼낼 때, 여럿 가운데에서 골라낼 때는 '뽑다'라고 써.

✏️ 연습하기

1 빈칸에 공통으로 들어갈 알맞은 낱말은 무엇인가요? (✏️)

◦ 그 선수는 이번에 양궁 국가대표로 [　　　].
◦ 줄기를 힘껏 잡아당기니 땅속에 묻혀 있던 무가 [　　　].

① 보였다　　　　　② 뽑혔다　　　　　③ 자랐다

2 밑줄 그은 낱말의 뜻으로 알맞은 것을 골라 선으로 이으세요.

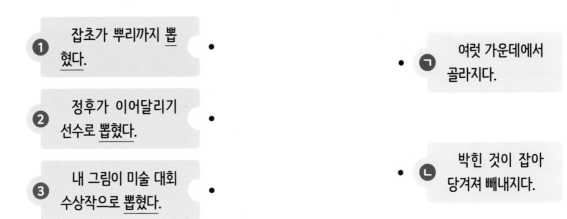

❶ 잡초가 뿌리까지 뽑혔다.

❷ 정후가 이어달리기 선수로 뽑혔다.

❸ 내 그림이 미술 대회 수상작으로 뽑혔다.

ㄱ 여럿 가운데에서 골라지다.

ㄴ 박힌 것이 잡아당겨져 빼내지다.

교과서를 이해해요

✏️ 교과서에서 '뽑히다'가 어떻게 쓰이는지 살펴보고, 문제를 풀어 보세요.

지레는 막대의 한곳을 받치고 작은 힘으로 무거운 물체를 움직일 때 이용하는 도구입니다. 지레를 이용하면 작은 힘으로 쉽게 물체를 들어 올릴 수 있습니다. 예를 들어 못은 손으로 뽑기 어렵지만, 지레와 같은 도구인 장도리를 이용하면 못이 쉽게 ㉠**뽑힙니다.** 음료수의 병뚜껑을 열 때도, 병따개를 이용하면 병뚜껑이 쉽게 열립니다.

3 ㉠과 바꾸어 쓸 수 있는 낱말은 무엇인가요?   (✏️   )

① 보입니다   ② 빠집니다   ③ 내려갑니다   ④ 당선됩니다

4 빈칸에 들어갈 알맞은 낱말을 괄호 안에서 골라 ○표를 하세요.

❶

○ 장도리를 이용하여 못을 (뽑다 | 뽑히다).
○ 장도리를 이용하니 못이 쉽게 (뽑다 | 뽑히다).

❷

○ 병따개를 이용하여 병뚜껑을 (열다 | 열리다).
○ 병따개를 이용하니 병뚜껑이 쉽게 (열다 | 열리다).

5 지레를 이용하는 상황으로 알맞은 것은 무엇인가요?   (✏️   )

① 작은 힘으로 무거운 물체를 들어 올려야 할 때
② 물체의 무게를 정확하게 재거나 비교해야 할 때
③ 물체 여러 개를 한번에 모아 다른 장소로 옮겨야 할 때

사회 **3학년 1학기** | #일기 #시간 표현

2025년 5월 12일 월요일　　　　　　　　　　　　　　　　　　　　　날씨: 맑음

　　오늘은 우리 반 안전 도우미로 내가 ⓒ**뽑혔다**. 그래서 일주일 동안 친구들이 학교에서 안전하게 생활할 수 있도록 돕게 되었다. 지난주에는 승우가 안전 도우미로 **뽑혔는데**, 운동장에서 다쳐 울고 있는 친구를 달래어 함께 보건실로 가는 모습이 멋있었다. 내일부터 나도 친구들이 안전하게 생활할 수 있도록 잘 도와줘야겠다.

6　ⓒ의 뜻으로 알맞은 것은 무엇인가요?　　　　　　　　　　　　(✎　　　)

　① 여럿 가운데에서 골라지다.
　② 박힌 것이 잡아당겨져 빼내지다.

7　이 글에서 시간을 나타내는 표현을 모두 찾아 ○표를 하세요.

8　빈칸에 들어갈 수 있는 낱말을 모두 찾아 색칠하여 빙고 판에서 2줄을 완성하세요.

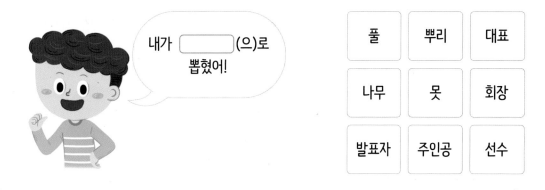

내가 [　　　](으)로 뽑혔어!

풀	뿌리	대표
나무	못	회장
발표자	주인공	선수

거치다

사회

집으로 갈 때
공원을 거칩니다.

과학

닭은 어떤 한살이를
거칠까요?

'거치다'는 오가는 도중에 어디를 지나거나 들른다는
표현을 할 때, 어떤 과정이나 단계를 밟는다는 표현을
할 때 써.

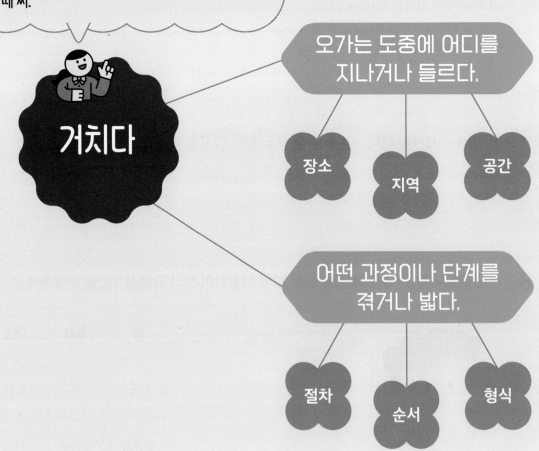

거치다

오가는 도중에 어디를
지나거나 들르다.

장소

지역

공간

어떤 과정이나 단계를
겪거나 밟다.

절차

순서

형식

서술어를 익혀요

정답과 해설 24쪽

거치다

❶ 오가는 도중에 어디를 지나거나 들르다.

> 체육관에 가려면 운동장을 **거쳐서** 가야 한다.

❷ 어떤 과정이나 단계를 겪거나 밟다.

(비슷한말) 밟다

(예) 공항에서 출국 절차를 밟다.

> 택배는 여러 과정을 **거쳐** 집까지 배달된다.

'거치다'가 ❶의 뜻으로 쓰일 때는 장소를 나타내는 말이 함께 나와.

✏️ 연습하기

1 빈칸에 공통으로 들어갈 말은 무엇인가요? (✏️)

- 전망대에 가려면 이 숲길을 [   ].
- 귤을 크기에 따라 나누어 담은 뒤, 박스에 포장하는 과정을 [   ].

① 거칠다   ② 거친다   ③ 걸친다

2 밑줄 그은 낱말의 뜻으로 알맞은 것을 골라 선으로 이으세요.

❶ 이 기차는 대구를 <u>거쳐</u> 부산으로 간다. •

❷ 여러 차례의 고쳐쓰기 과정을 <u>거쳐서</u> 글을 완성한다. •

❸ 불이 나면 신고, 접수의 단계를 <u>거쳐</u> 소방차가 출동한다. •

• ㉠ 어떤 과정이나 단계를 겪거나 밟다.

• ㉡ 오가는 도중에 어디를 지나거나 들르다.

교과서를 이해해요

✏️ 교과서에서 '거치다'가 어떻게 쓰이는지 살펴보고, 문제를 풀어 보세요.

사회 3학년 1학기 | #심상지도

사람의 머릿속에 있는 장소의 정보나 생각을 그림으로 표현한 지도를 심상지도라고 합니다. 심상지도를 그릴 때는 주변의 모든 장소를 다 그리지 않아도 되고, 좋아하거나 중요한 장소가 있다면 더 강조하여 그려도 됩니다. 세연이는 공원을 중심으로 집과 학교를 그렸습니다. 학교에서 집으로 갈 때 항상 이 공원을 ㉠**거칩니다**. 공원은 학교보다 크지 않지만 ㉡세연이의 심상지도에는 공원이 가장 크게 그려져 있습니다.

3 ㉠과 바꾸어 쓸 수 있는 말로 알맞지 <u>않은</u> 것은 무엇인가요? (✏️   )

① 걸어서 갑니다   ② 들러서 갑니다   ③ 지나서 갑니다

4 ㉡의 이유로 알맞은 것은 무엇인가요? (✏️   )

① 공원이 가장 크기 때문이다.
② 공원이 가장 가깝기 때문이다.
③ 공원을 강조하여 표현하고 싶었기 때문이다.

5 다음은 세연이가 그린 심상지도입니다. 세연이가 학교에서 집으로 가는 길을 선으로 이어 보세요.

별빛 초등학교   별빛 문구점   우리 집
도서관   행복 공원   놀이터

과학 3학년 1학기 | #닭 #동물의 한살이

닭은 어떤 한살이를 ©거칠까요? 암탉은 단단한 껍데기에 싸인 알을 낳습니다. 알에서는 병아리가 태어납니다. 병아리는 처음에는 솜털로 덮여 있지만, 약 30일 정도 지나면 솜털이 깃털로 바뀌며 큰 병아리가 됩니다. 약 5개월이 되면 병아리는 다 자라 닭이 됩니다. 다 자란 암탉은 알을 낳을 수 있습니다.

6 ©의 의미로 알맞은 것은 무엇인가요? (✎   )

① 어떤 과정이나 단계를 겪거나 밟다.
② 오가는 도중에 어디를 지나거나 들르다.
③ 나무나 살결 등의 결이 곱지 않고 험하다.

7 괄호 안에서 알맞은 낱말을 골라 ○표를 하여 닭이 거치는 한살이를 정리해 보세요.

알	단단한 껍데기에 (뚫려 | 싸여) 있음.

↓

병아리	솜털로 (깔려 | 덮여) 있음.

↓

큰 병아리	솜털이 깃털로 (나뉨 | 바뀜).

↓

닭	다 자란 암탉은 알을 (나을 | 낳을) 수 있음.

헤아리다

수학

수 모형이 모두 몇 개인지
헤아려 봅니다.

국어

친구의 마음을
헤아려야 합니다.

'헤아리다'는 수량을 센다는 표현을 할 때, 짐작하여
가늠하거나 미루어 생각한다는 표현을 할 때 써.
이때 무엇을 헤아리는지 살펴봐야 해.

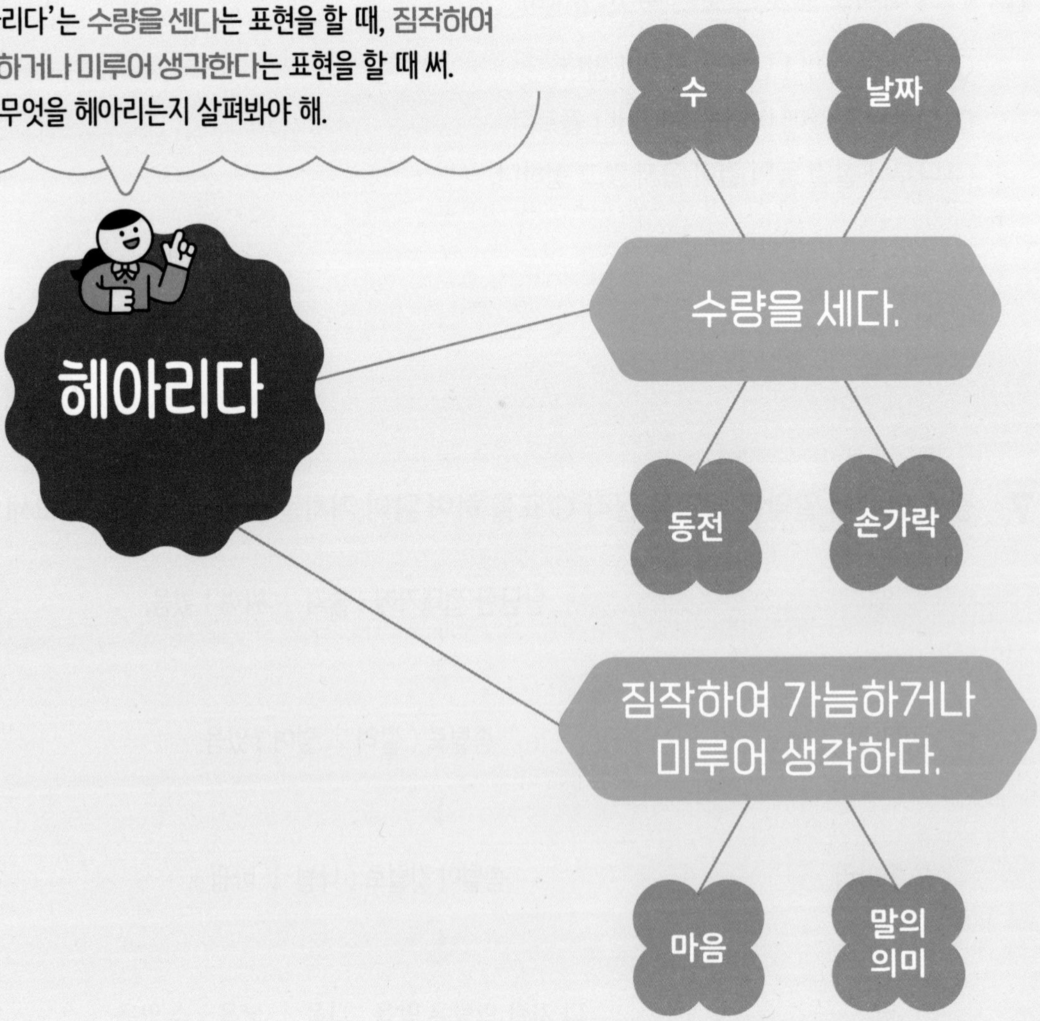

헤아리다

수
날짜

수량을 세다.

동전
손가락

**짐작하여 가늠하거나
미루어 생각하다.**

마음
말의
의미

 서술어를 익혀요

헤아리다

❶ 수량을 세다.

 (비슷한말) 세다

(예) 마음속으로 열까지 세다.

·········· 동전의 개수를 헤아린다.

❷ 짐작하여 가늠하거나 미루어 생각하다.

(비슷한말) 살피다

(예) 서하는 언니의 마음을 살폈나.

·········· 할아버지 말씀의 뜻을 헤아렸다.

'헤아리다'가 ❶의 뜻으로 쓰일 때는 수를 셀 수 있는 대상이 함께 나와.

✏️ 연습하기

1 밑줄 그은 낱말과 바꾸어 쓸 수 있는 낱말을 상자 속 글자 카드를 이용하여 쓰세요.

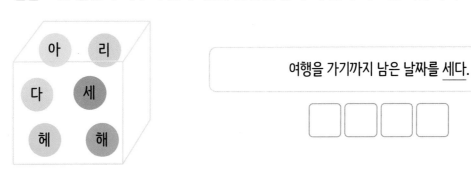

아	리
다	세
헤	해

여행을 가기까지 남은 날짜를 세다.

☐ ☐ ☐ ☐

2 밑줄 그은 낱말의 뜻으로 알맞은 것을 골라 선으로 이으세요.

❶ 그 사람의 마음을 헤아려 보았다. •

❷ 상자에 담긴 공을 헤아려 보았다. •

• ㉠ 수량을 세다.

• ㉡ 짐작하여 가늠하거나 미루어 생각하다.

✎ 교과서에서 '헤아리다'가 어떻게 쓰이는지 살펴보고, 문제를 풀어 보세요.

수학　3학년 1학기 | #덧셈 #(세 자리 수)+(세 자리 수)

은우네 밭에서 고구마를 오전에 227개, 오후에 142개 수확했습니다. 은우네 밭에서 하루 동안 수확한 고구마는 모두 몇 개인지 알아보려고 합니다. 하루 동안 수확한 고구마의 수를 알려면 오전에 수확한 고구마의 수와 오후에 수확한 고구마의 수의 합을 구하면 됩니다. 수 모형으로 알아보려면 각 수를 백 모형, 십 모형, 일 모형으로 나타낸 뒤 각 자리의 수 모형이 모두 몇 개인지 ㉠헤아려 봅니다.

3 ㉠과 바꾸어 쓸 수 있는 말은 무엇인가요?　　　　　　　　(✎　　　)

① 세어 봅니다　　　　　② 분류해 봅니다　　　　　③ 짐작해 봅니다

4 은우네 밭에서 하루 동안 수확한 고구마는 모두 몇 개인지 구해 보세요.

❶ 각 자리의 수 모형이 모두 몇 개인지 헤아려 보세요.

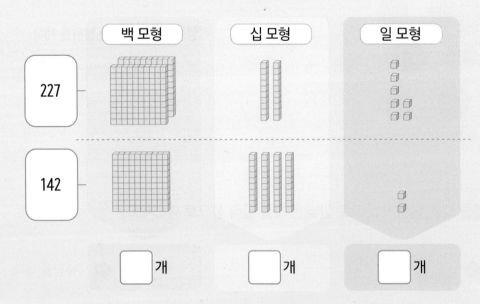

❷ 은우네 밭에서 하루 동안 수확한 고구마는 모두 몇 개인가요?

　　　개

국어 　3학년 1학기 | #마음을 전하는 글

　친구에게 고맙거나 미안하다고 말하고 싶을 때, 또 친구를 응원해 주고 싶을 때 우리는 마음을 전하는 글을 쓸 수 있습니다. 글을 쓰기 전에는 먼저 계획을 세워 봅니다. 우선 누구에게 쓸 것인지를 정하고, 마음을 전하고 싶은 상황을 떠올립니다. 있었던 일, 그때의 생각이나 느낌을 간단히 정리하고, 어떤 표현으로 마음을 전할지 생각해 봅니다. 이때 자신이 쓴 글을 읽을 친구의 마음을 ⓒ<u>헤아려야</u> 합니다.

5　밑줄 그은 말 중 ⓒ과 같은 뜻으로 사용된 것은 무엇인가요?　　　(　　　　)

　① 날짜를 손가락으로 헤아려 보았다.
　② 돈을 헤아려 물건값을 전해 주었다.
　③ 바구니에 담겨 있는 사과의 수를 헤아렸다.
　④ 그가 마음속에 어떤 생각을 품고 있는지 헤아려 보았다.

6　친구의 마음을 헤아려 보는 생각이 <u>아닌</u> 것은 무엇인가요?　　　(　　　　)

　① 내일 학교 끝나고 주하에게 이 편지를 전해 주면 되겠지?
　② 대회에서 상 받은 일을 축하한다고 하면 민지가 기뻐하겠지?
　③ 진심으로 미안한 마음을 전하면 상우도 속상한 마음이 풀리겠지?

7　마음을 전하는 글을 쓰기 전에 할 일로 알맞지 <u>않은</u> 것은 무엇인가요?　　　(　　　　)

　① 받을 사람을 정한다.
　② 어떤 표현으로 마음을 전할지 생각해 본다.
　③ 받을 사람에게 어떤 내용을 쓸지 물어본다.

활용하다

사회
자료를 활용하여
과거의 모습을 살펴본다.

국어
대화할 때 알맞은 표정과
몸짓을 활용한다.

'활용하다'는 도구나 물건 등을 충분히 잘
이용한다는 표현을 할 때 써.

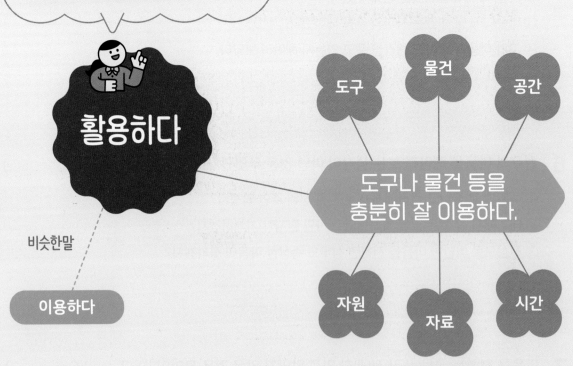

활용하다

비슷한말

이용하다

도구   물건   공간

도구나 물건 등을
충분히 잘 이용하다.

자원   자료   시간

정답과 해설 26쪽

활용하다　　活 살 **활**　用 쓸 **용**

도구나 물건 등을 충분히 잘 이용하다.

(비슷한말) 이용하다

(예) 바람을 <u>이용하여</u> 풍차를 돌린다.

여가 시간을 충분히 **활용한다.**

만들기를 할 때 휴지심을 **활용하려고** 한다.

✏️ 연습하기

1 밑줄 그은 낱말의 뜻으로 알맞은 것은 무엇인가요?　　(✏️ 　　)

> 지도를 <u>활용하여</u> 우리 주변을 살펴볼 수 있습니다.

① 도구나 물건 등을 충분히 잘 이용하다.

② 사물이나 현상을 주의하여 자세히 살펴보다.

③ 두 사람 이상이 한 물건을 함께 소유하거나 이용하다.

2 밑줄 그은 말과 바꾸어 쓸 수 있는 낱말은 무엇인가요?　　(✏️ 　　)

> 비어 있는 공간을 <u>활용하여</u> 꽃밭을 만들었다.

① 고려하여　　　② 유지하여　　　③ 이용하여　　　④ 활동하여

3 빈칸에 '활용하다'를 쓸 수 <u>없는</u> 문장의 기호를 쓰세요.　　(✏️ 　　)

> ㉠ 이 공책은 주로 그림을 그릴 때 [　　　].
>
> ㉡ 그 놀이터는 만들 때 재활용 소재를 [　　　].
>
> ㉢ 체중계로 내 몸무게가 얼마나 늘었는지 [　　　].
>
> ㉣ 식초는 요리할 때뿐만 아니라 채소를 씻을 때도 [　　　].

교과서를 이해해요

✏️ 교과서에서 '활용하다'가 어떻게 쓰이는지 살펴보고, 문제를 풀어 보세요.

> **사회**   3학년 1학기 | #오래된 자료
>
> 우리 주변에 있는 ㉠자료를 **활용하면** 과거의 모습을 살펴볼 수 있습니다. 인터넷으로 오래된 신문 기사나 사진, 광고 등을 찾아봅니다. 그 속에는 옛날 사람들의 생활 모습을 짐작해 볼 수 있는 증거가 있습니다. 예를 들어 타자기 사진을 통해 컴퓨터가 없던 시기에 타자기로 문서를 작성했다는 것을 알 수 있습니다.
>
>
> ▲ 타자기

4 ㉠의 의미로 알맞은 것은 무엇인가요? (✏️)

① 자료를 적절하게 만들면
② 자료를 찾아 잘 이용하면
③ 자료를 찾아 다른 사람에게 주면

5 다음 자료를 활용하여 알 수 있는 과거의 모습으로 알맞지 <u>않은</u> 것은 무엇인가요?

(✏️)

> ○○신문   19××년 ×월 ×일
>
> 오늘 서울특별시 ○○동에 우리나라 최초의 햄버거 매장이 문을 열었다. 이날 영업시간 전부터 많은 사람들이 줄을 서서 기다렸다. 메뉴는 햄버거와 치즈버거, 감자튀김으로 외국에 비하면 종류가 적은 편이지만, 새로운 음식에 대한 관심으로 매장에는 하루 종일 손님이 이어졌다.

① 과거에도 외국에 여행을 다녀온 사람들이 많았구나.
② 오늘날에는 햄버거가 흔하지만 과거에는 그렇지 않았구나.
③ 햄버거 매장이 처음 생겼을 때에는 메뉴의 종류가 많지 않았구나.

국어 3학년 1학기 | #표정과 몸짓 #목소리와 말투

상대방과 대화를 나눌 때 상황에 알맞은 표정과 몸짓, 목소리와 말투를 ⓛ**활용할** 수 있습니다. 예를 들어 친구가 나에게 같이 놀자고 제안하여 이를 받아들이는 대답을 할 때는, 신나고 유쾌한 목소리와 말투를 **활용할** 수 있습니다. 이렇게 대화를 나누면 상대방의 마음을 알고 배려할 수 있을 뿐만 아니라 자신의 생각도 잘 표현할 수 있습니다.

6 ⓛ과 바꾸어 쓸 수 있는 낱말로 알맞지 <u>않은</u> 것은 무엇인가요?   (✎)

① 쓸   ② 사용할   ③ 이용할   ④ 제외할

7 상황에 알맞은 표정과 몸짓, 목소리와 말투를 활용하여 대화를 나눌 때 좋은 점은 무엇인가요?   (✎)

① 상대방의 마음을 알고 배려할 수 있다.
② 사실과 의견을 구분하여 말할 수 있다.
③ 상대방에게 새로운 내용을 전달할 수 있다.

8 다음과 같이 말할 때 활용할 수 있는 목소리나 말투로 알맞은 것은 무엇인가요?

(✎)

괜찮아?
많이 아프지?

① 간절히 부탁하는 말투
② 자신감 넘치고 활기찬 말투
③ 안타까워하며 걱정하는 말투

검색하다

사회	국어
누리집에 들어가서 장소를 검색합니다.	도서 검색대에서 책 제목으로 검색합니다.

'검색하다'는 목적에 따라 필요한 자료들을 찾아낸다는 표현을 할 때 써. 이때 무엇을 검색하는지 확인해야 해.

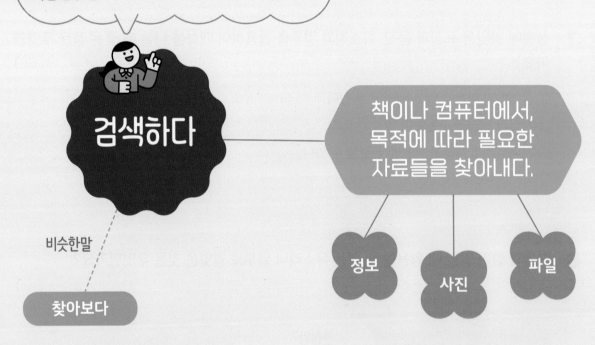

검색하다

책이나 컴퓨터에서, 목적에 따라 필요한 자료들을 찾아내다.

정보   사진   파일

비슷한말

찾아보다

서술어를 익혀요

검색하다 　檢 검사할 검　索 찾을 색

책이나 컴퓨터에서, 목적에 따라 필요한 자료들을 찾아내다.

비슷한말 찾아보다

예 일요일에 진료를 하는 병원이 있는지 찾아보았다.

> 누리집에서 발표에 필요한 자료를 검색했다.

> 도서관에 전래 동화책이 있는지 검색해 보았다.

이 뜻의 '검색하다'는 필요한 자료를 디지털 기기에서 찾을 때 많이 사용해.

✏️ 연습하기

1 밑줄 그은 낱말의 뜻으로 알맞은 것은 무엇인가요?　(　✏️　)

> 올림픽에 대한 자료를 찾기 위해 여러 누리집을 검색했다.

① 틀림없이 그러한가를 알아보거나 인정하다.

② 책이나 컴퓨터에서, 목적에 따라 필요한 자료들을 찾아내다.

2 빈칸에 공통으로 들어갈 수 있는 낱말로 알맞지 않은 것은 무엇인가요?　(　✏️　)

- 새로 이사 갈 지역을 알아보려고 지역 누리집을 [　　　　].
- 여행 갈 장소에 대한 정보를 얻기 위해 블로그를 [　　　　].

① 검색하다　　　　② 살펴보다　　　　③ 지정하다　　　　④ 찾아보다

3 다음 중 '검색하다'의 쓰임이 알맞지 않은 것은 무엇인가요?　(　✏️　)

① 뜻을 모르는 낱말을 사전에서 검색하였다.

② 꽃을 접는 방법을 알려 주는 동영상을 검색하였다.

③ 친구에게 보여 주려고 내가 그린 그림을 카메라로 검색하였다.

101

✏️ 교과서에서 '검색하다'가 어떻게 쓰이는지 살펴보고, 문제를 풀어 보세요.

우리가 사는 곳을 살펴보기 위해 여러 장소를 돌아다녀 봅니다. 또 컴퓨터를 활용하여 우리가 사는 곳을 살펴볼 수도 있습니다. 시청이나 구청 등에서 관리하는 ⊙누리집에 들어가서 장소를 <u>검색하면</u> 살펴보고 싶은 장소의 사진이나 영상을 볼 수 있습니다. 또 인터넷 지도 서비스를 이용할 수도 있습니다. 국토 정보 플랫폼 누리집에 접속하여 장소를 검색하면 그곳의 실제 모습이 담긴 ◆디지털 영상지도를 볼 수 있습니다.

◆ **디지털 영상지도**: 우주에 떠 있는 인공위성이나 하늘을 나는 비행기에서 찍은 사진을 이용해 만든 지도.

4 ⊙의 의미로 알맞은 것은 무엇인가요? (✏️)

① 누리집에서 찾은 장소에 직접 가 본다는 의미이다.
② 누리집에서 장소에 대해 원하는 자료를 찾아본다는 의미이다.
③ 누리집에서 찾고 싶은 장소가 어디인지 생각해 본다는 의미이다.

5 보기 에서 밑줄 그은 내용이 의미하는 낱말은 무엇인가요? (✏️)

보기 디지털 영상지도를 볼 수 있는 누리집에 접속하고, 지도의 종류를 선택합니다. 그리고 <u>검색창에 찾고 싶은 장소의 이름이나 주소를 입력하고 돋보기 단추를 누릅니다.</u>

① 검색하다   ② 표현하다   ③ 정리하다   ④ 떠오르다

6 우리가 사는 곳을 살펴볼 수 있는 방법으로 알맞지 <u>않은</u> 것은 무엇인가요? (✏️)

① 여러 장소를 직접 돌아다니며 살펴본다.
② 우리가 사는 곳의 과거 모습을 상상해 본다.
③ 우리가 사는 곳의 사진이나 영상을 살펴본다.

독서를 하려면 우선 읽을 책을 정합니다. 책을 소개받는 것도 좋은 방법입니다. 소개받은 책을 읽게 되면 서로의 생각이나 느낌을 나누며 재미를 느낄 수 있습니다. 읽을 책을 정했다면 도서관에서 책을 찾아봅니다. 도서관에서 책을 찾을 때에는 우선 도서 검색대에서 책 제목이나 글쓴이, 출판사 등으로 ⓒ검색합니다. 그래서 그 책이 어느 위치에 꽂혀 있는지 확인하면 자신이 원하는 책을 쉽게 찾을 수 있습니다.

7 ⓒ과 바꾸어 쓸 수 있는 낱말을 이 글에서 찾아 쓰세요.

8 다음과 같이 말하는 친구에게 해 줄 수 있는 말은 무엇인가요? (✎)

읽고 싶은 책이 있었는데, 정확한 책 제목이 기억이 안 나. 글쓴이 이름밖에 모르겠는데 어쩌지?

① 도서 검색대에서 글쓴이 이름으로 책을 검색해 보자.
② 글쓴이 이름만으로는 책을 검색할 수 없으니 다른 책을 빌리자.
③ 도서관 어딘가에 찾는 책이 있을 테니 꽂혀 있는 책들을 살펴보자.

✎ **다음 서술어를 찾아 ○표를 하며 읽어 보세요.**

거치다   활용하다   검색하다

뽑히다   헤아리다

① 발표는 자신의 생각이나 자신이 알게 된 내용을 정리하여 다른 사람들에게 말하는 활동입니다. 우리는 발표하면서 다른 사람과 소통할 수 있고, 자신감을 키울 수 있습니다. 또 발표를 준비하거나 다른 사람의 발표를 들으면서 새로운 내용을 배울 수도 있습니다.

② 발표 준비는 어떤 과정을 거칠까요? 우선 발표 주제를 정합니다. 주제를 정할 때 자신이 잘 알고 있거나 흥미 있는 내용으로 선택하면 발표를 더 즐겁게 준비할 수 있습니다. 주제를 정했다면 책이나 인터넷을 활용하여 자료를 찾아봅니다. 인터넷에서 자료를 검색하여 찾았다면, 그 내용이 믿을 만한 내용인지 확인해 보아야 합니다. 그리고 조사한 자료를 바탕으로 발표 내용을 정리합니다.

③ 발표 시간에는 발표 예절을 잘 지켜야 합니다. 다른 친구가 발표를 하고 있다면 자신의 차례가 될 때까지 기다려야 합니다. 그리고 자신이 발표자로 ㉠뽑히거나, 발표할 차례가 되었다면 준비한 내용을 발표합니다. 발표를 할 때에는 바른 자세로 서서 친구들이 잘 알아들을 수 있도록 알맞은 크기의 목소리로 발표합니다.

④ 발표를 듣는 사람은 발표하는 친구의 말을 주의 깊게 들어야 합니다. 혹시 친구의 발표 내용 중 이해가 잘 되지 않는 부분이 있거나 궁금한 부분이 있다면, 친구가 속상하지 않도록 친구의 마음을 헤아려 질문합니다. 이와 같이 서로를 배려하며 모두가 행복해지는 발표를 하도록 합시다.

공부한 서술어를 활용해 말풍선을 완성하세요.

인터넷에서 자료를 ☐☐하여 찾아봅니다.

궁금한 부분은 친구의 마음을 ☐☐☐ 질문합니다.

1 발표 시간에 지녀야 할 올바른 태도가 <u>아닌</u> 것을 찾아 그 기호를 쓰세요.

> ㉮ 바른 자세로 서서 발표한다.
>
> ㉯ 자신이 발표할 차례가 될 때까지 기다린다.
>
> ㉰ 발표에서 모르는 내용이 있더라도 질문하지 않는다.
>
> ㉱ 친구들이 들을 수 있는 적절한 크기의 목소리로 말한다.

(   )

2 발표를 준비하는 과정에 따라 순서대로 숫자를 쓰세요.

자료 찾아보기	자료 정리하기	주제 정하기
( )	( )	( )

3 밑줄 그은 낱말 중 ㉠과 뜻이 같은 것은 무엇인가요?   (   )

① 줄기를 잡아당기자 당근이 쑥 뽑혔다.

② 장도리를 사용하니 못이 쉽게 뽑혔다.

③ 태풍이 지나가며 나무가 뿌리째 뽑혔다.

④ 그는 이번 대회의 최우수 선수로 뽑혔다.

⑤ 빗에 걸려서 머리카락이 몇 가닥 뽑혔다.

4 이 글의 글쓴이의 의견을 다음과 같이 정리할 때, 빈칸에 들어갈 알맞은 말을 쓰세요.

> 서로를 ☐☐하며 ☐☐☐☐을/를 잘 지키면 모두가 행복해지는 발표를 할 수 있다.

이번 주 공부 끝! 자신 있게 사용할 수 있는 서술어에 V표를 하세요.

☐ 뽑히다   ☐ 거치다   ☐ 헤아리다   ☐ 활용하다   ☐ 검색하다

1-3 뜻에 알맞은 낱말을 보기에서 골라 그 기호를 쓰세요.

> 보기   ㉠ 싣다   ㉡ 본뜨다   ㉢ 관리하다

1 이미 있는 대상을 본으로 삼아 그대로 따라 만들다. (✏   )

2 글, 그림, 사진 등을 책이나 신문 등의 출판물에 내다. (✏   )

3 시설이나 물건을 유지하거나, 보완하여 고치는 등의 일을 맡아 하다. (✏   )

4-5 낱말의 알맞은 뜻을 골라 선으로 이으세요.

4 편리하다 •

> • ㉠ 없던 것이 새로 있게 되다.
>
> • ㉡ 편하고 이로우며 이용하기 쉽다.

5 전하다 •

> • ㉠ 어떤 사실을 상대에게 알리다.
>
> • ㉡ 주로 후일에 남길 목적으로 어떤 사실을 적다.

6-8 문장에 알맞은 낱말을 골라 ○표를 하세요.

6 밥그릇에 밥이 너무 많아 조금 (더했다 | 덜었다).

7 우리는 놀이터를 (거쳐 | 걸어) 도서관으로 향했다.

8 말을 할 때에는 듣는 사람의 마음을 (세어야 | 헤아려야) 한다.

9 밑줄 그은 낱말과 바꾸어 쓸 수 있는 말은 무엇인가요? (✏   )

> 채소를 씻을 때 물에 식초를 조금 <u>탄다</u>.

① 먹는다   ② 섞는다   ③ 싣는다   ④ 씻는다

10 빈칸에 공통으로 들어갈 낱말로 알맞은 것은 무엇인가요? （✎　　）

> ◦ 벽에서 못이 [　　　　　].
> ◦ 내가 미술 대회에 나갈 학교 대표로 [　　　　　].

① 구하다　　　　　② 빠지다　　　　　③ 뽑히다　　　　　④ 선발되다

11 밑줄 그은 낱말의 뜻이 나머지와 다른 하나는 무엇인가요? （✎　　）

① 이모는 서울에 집을 <u>구했다</u>.
② 진돗개는 주인을 위험에서 <u>구했다</u>.
③ 그는 고향으로 갈 기차표를 <u>구했다</u>.

12-14 문장의 빈칸에 들어갈 낱말을 보기에서 골라 쓰세요.

> 보기　　　　　급하다　　　활용하다　　　유지하다

12 그 산은 경사가 상당히 [　　　　　].

13 만들기 재료로 휴지심을 [　　　　　].

14 수아가 책상을 항상 깨끗한 상태로 [　　　　　].

15 초성을 보고 괄호 안에 들어갈 알맞은 낱말을 쓰세요.

> 세로① 집 근처에 새로운 문구점이
> 　　　（ ㅅㄱㄷ ）.
> 가로② 기억해야 할 내용을 공책에
> 　　　（ ㄱㄹㅎㄷ ）.

1-4 낱말의 뜻으로 알맞은 것을 골라 선으로 이으세요.

1 덜다 •　　• ㉠ 없던 것이 새로 있게 되다.

2 생기다 •　　• ㉡ 어떤 행위나 상태를 적게 하다.

3 저장하다 •　　• ㉢ 도구나 물건 등을 충분히 잘 이용하다.

4 활용하다 •　　• ㉣ 물건을 모아서 잘 보호하거나 보관하다.

5-6 밑줄 그은 낱말의 뜻을 보기 에서 골라 그 기호를 쓰세요.

> 보기　㉠ 기울기나 경사가 가파르다.
> 　　　㉡ 성격이 팔팔하여 참을성이 없다.

5 수진이는 성격이 <u>급해서</u> 일을 미루지 않는다. (✎　　)

6 그 언덕은 경사가 <u>급해서</u> 눈이 오면 조심해야 한다. (✎　　)

7 빈칸에 들어갈 낱말이 차례대로 바르게 짝 지어진 것은 무엇인가요? (✎　　)

> 체육관에 배드민턴장이 있어서 ⬚⬚⬚⬚⬚ , 운동 기구가 낡아서 사용하기 ⬚⬚⬚⬚⬚ .

① 불편하지만, 편리하다　　　② 사용하지만, 안전하다

③ 편리하지만, 불편하다　　　④ 생활하지만, 적절하다

8 밑줄 그은 낱말의 뜻이 나머지와 <u>다른</u> 하나는 무엇인가요? (✎　　)

① 수레에 짐을 <u>실었다</u>.

② 낚시용품을 배에 <u>실었다</u>.

③ 그 사진을 신문에 <u>실었다</u>.

9-10 문장에 알맞은 낱말을 골라 ○표를 하세요.

9 잡초의 줄기를 힘껏 잡아당기니 뿌리까지 (뽑았다 | 뽑혔다).

10 삼각형을 그리려고 삼각자를 종이 위에 놓고 (본떴다 | 보관했다).

11 밑줄 그은 낱말의 뜻으로 알맞은 것은 무엇인가요? (✎)

> 그는 부모님과 떨어져 외국에서 생활하고 있다.

① 사람이나 동물이 일정한 환경에서 활동하며 살아가다.
② 사람이나 동물이 어느 곳에 머무르거나 살지 않는 상태이다.
③ 시설이나 물건을 유지하거나, 보완하여 고치는 등의 일을 맡아 하다.

12 빈칸에 들어갈 수 있는 낱말을 모두 고르세요. (✎)

> 개와 고양이는 둘 다 청각이 발달했다는 점이 ____.

① 다르다 　　② 비슷하다 　　③ 유사하다 　　④ 필요하다

13 밑줄 그은 낱말이 문장에 어울리지 <u>않는</u> 것은 무엇인가요? (✎)

① 우리 마을의 공원은 구청에서 관리하고 있다.
② 양쪽에 벽돌을 놓고 그 사이에 나무판을 거쳤다.
③ 할머니께서 말로 전해 내려오는 이야기를 해 주셨다.

14-15 문장의 빈칸에 들어갈 낱말을 보기 에서 골라 쓰세요.

> 보기 　　검색하다 　　헤아리다

14 시장에서 사 온 귤이 몇 개인지 ____.

15 누리집에서 음악 줄넘기 동영상을 ____.

1-4 뜻에 알맞은 낱말을 보기 에서 골라 쓰세요.

> 보기   검색하다   기록하다   유지하다   헤아리다

1 [　　　] : 짐작하여 가늠하거나 미루어 생각하다.

2 [　　　] : 주로 후일에 남길 목적으로 어떤 사실을 적다.

3 [　　　] : 책이나 컴퓨터에서, 목적에 따라 필요한 자료들을 찾아내다.

4 [　　　] : 어떤 상태나 상황을 그대로 보호하여 남기거나 변함없이 계속하여 지탱하다.

5-6 밑줄 그은 낱말과 바꾸어 쓸 수 있는 말을 고르세요.

5   소방관은 화재 현장에서 위험에 처한 사람들을 <u>구한다</u>.   (✎   )

① 살린다   ② 찾는다   ③ 계산한다   ④ 확인한다

6   그 건물은 거북선의 모양을 <u>본떠서</u> 만들었습니다.   (✎   )

① 골라서   ② 관리해서   ③ 모방해서   ④ 정리해서

7-8 밑줄 그은 낱말의 뜻을 보기 에서 골라 그 기호를 쓰세요.

> 보기   ㉠ 어떤 과정이나 단계를 겪거나 밟다.
>   ㉡ 오가는 도중에 어디를 지나거나 들르다.

7 우리는 천안에 있는 이모네를 <u>거쳐</u> 대전에 가기로 하였다. (✎   )

8 싹이 트고 자라서 꽃을 피우고 열매를 맺는 한살이를 <u>거칩니다</u>. (✎   )

9-12 빈칸에 들어갈 낱말로 알맞은 것을 골라 선으로 이으세요.

9 일할 사람을 구해서 걱정을 [＿＿＿＿＿].　　•　　•　ㄱ　탔다

10 가을에 수확한 쌀은 창고에 [＿＿＿＿＿].　　•　　•　ㄴ　덜었다

11 엄마는 아기에게 줄 분유를 [＿＿＿＿＿].　　•　　•　ㄷ　전했다

12 편지를 써서 친구에게 내 마음을 [＿＿＿＿＿].　　•　　•　ㄹ　저장했다

13 밑줄 그은 낱말과 뜻이 반대되는 낱말은 무엇인가요?　　　　　(✎　　　)

> 눈앞에 있는 산을 올려다보니, 경사가 매우 <u>급해</u> 보였습니다.

① 느긋해　　　　② 완만해　　　　③ 조용해　　　　④ 편안해

14 초성을 보고 괄호 안에 들어갈 알맞은 낱말을 쓰세요.

[세로①] 붕어가 강이나 호수에서
(ㅅㅎㅎㄷ).

[가로②] 발표할 때 매체 자료를
(ㅎㅇㅎㄷ).

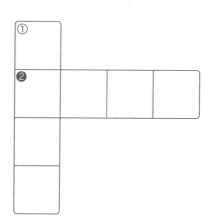

15 다음 글에서 괄호 안에 들어갈 알맞은 낱말을 골라 ○표를 하세요.

> 　옛날에는 버스를 탈 때 토큰을 사용했습니다. 토큰은 동전처럼
> (생겼습니다 | 찾았습니다). 토큰을 사용하면 동전을 여러 개 준비
> 하거나, 지폐를 내고 거스름돈을 받지 않아도 되어 (불편했습니다 |
> 편리했습니다). 버스를 탈 때 돈 대신 낼 수 있다는 점에서 돈과
> (달랐지만 | 비슷했지만), 다른 곳에서는 사용할 수 없었습니다.

▲ 토큰

공부로 이끄는 힘!

완자 공부력

교과서 문해력 · 교과서가 술술 읽히는
서술어

정답과 해설

3A
3학년

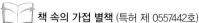

정답과 해설
QR코드

ABOVE IMAGINATION

우리는 남다른 상상과 혁신으로
교육 문화의 새로운 전형을 만들어
모든 이의 행복한 경험과 성장에 기여한다

공부로 이끄는 힘

완자
공부력

교과서 문해력

교과서가 술술 읽히는 서술어 **3A**

| 정답과 해설 |

본문 13~15쪽

정답

1 ②

2 ❶ ㉠

　❷ ㉡

3 ②

4 실었다

5 힘

6 ③

7 ❶ ㉡

　❷ ㉠

8

그림	글	표
물건	사진	짐
컴퓨터	사람	신문 기사

풀이

1 첫 번째 문장은 '글, 그림, 사진 등을 책이나 신문 등의 출판물에 내다.'라는 뜻의 '싣다'를 넣을 수 있고, 두 번째 문장은 '물체나 사람을 옮기기 위하여 탈것, 수레, 짐승의 등과 같은 곳에 올리다.'라는 뜻의 '싣다'를 넣을 수 있다.

2 ❶은 짐을 탈것 위에 올린다는 의미이므로 ㉠의 뜻이며, ❷는 시집에 시를 수록한다는 의미이므로 ㉡의 뜻이다.

3 ㉠은 수레에 물건을 올린 것이므로 '싣다'가 '물체나 사람을 옮기기 위하여 탈것, 수레, 짐승의 등과 같은 곳에 올리다.'라는 뜻으로 사용되었다. ② 역시 트럭에 짐을 올린 것이므로 '싣다'가 같은 뜻으로 사용되었다.

4 과거 상황을 나타내는 문장이 될 때 '싣다'는 '실었다'와 같은 형태로 쓴다.

5 힘을 주어 물체를 밀거나 당기면 물체를 움직일 수 있다.

6 ㉡의 '싣다'는 '글, 그림, 사진 등을 책이나 신문 등의 출판물에 내다.'라는 뜻이므로 '수록하다'와 뜻이 비슷하다.

7 '저작권'은 글, 음악, 사진이나 동영상 등을 만든 사람이 가지는 권리를 말한다. 이러한 권리를 보호하기 위해 다른 사람이 만든 자료를 사용할 때에는 자료의 이름, 만든 사람 등을 밝혀야 하는데, 이 정보를 '출처'라고 한다.

8 제시된 문장에서 '싣다'는 '글, 그림, 사진 등을 책이나 신문 등의 출판물에 내다.'라는 의미로 사용되었으므로 발표 자료에 수록할 수 있는 내용을 모두 찾아 색칠한다.

본문 17~19쪽

 정답

1 ❶ ㉡	5 이야기 / 옛날
❷ ㉠	6 ①
2 전하다	7 ③
3 ④	8 ③
4 ①	

풀이

1 ❶은 옛날부터 불리던 노래가 지금 시대까지 이어졌다는 의미이므로 '전하다'가 ㉡의 의미로 사용되었다. ❷는 은우의 마음을 선생님에게 알린다는 의미이므로 '전하다'가 ㉠의 의미로 사용되었다.

2 제시된 문장에서 '알리다'는 '사물이나 상황에 대한 정보나 지식을 알게 하다.'라는 뜻으로, '어떤 사실을 상대에게 알리다.'라는 뜻의 '전하다'와 바꾸어 쓸 수 있다.

3 ㉠의 '전하다'는 '뒤에 오는 시대나 지금 시대에 이어지거나 남겨지다.'라는 뜻으로 사용되었으므로, '끊어지지 않고 계속되다.'라는 뜻의 '이어지다'와 뜻이 비슷하다.

4 말죽거리는 지금의 서울 양재동 주변을 부르던 말로, 이 이름이 다른 지역에도 있는지를 할머니의 말씀을 통해 알 수 없다.

5 양재동의 말죽거리 이야기처럼 지역에 전해 내려오는 이야기를 들으면, 옛날에 그 지역에 살았던 사람들의 생활 모습을 알 수 있다.

6 ㉡의 '전하다'는 상대방에게 자신의 마음을 알린다는 의미이므로 '어떤 사실을 상대에게 알리다.'라는 뜻으로 쓰였다.

7 마음을 전하고 싶은 상황은 받는 사람이 그 일을 잘 떠올릴 수 있도록 구체적으로 쓰는 것이 좋다.

8 해인이는 편지에서 체육 대회를 앞두고 열심히 연습하는 서호에게 힘내라며 응원하는 마음을 전하고 있다.

3

본문 21~23쪽

정답

1 ❶ (적다 | 만들다)

   ❷ (그림 | 수치)

2 기록한다

3 ②

4
작	동	물	식	사	용
성	관	징	물	줄	기
보	특	찰	주	변	록

5 (길쭉한 | 넓적한)

   (부드럽게 | 뾰족하게)

6 ❶ ㉠

   ❷ ㉡

   ❸ ㉡

7 1 / 15 / 1 / 15

풀이

1 ❶은 일기를 적는다는 것이므로 '기록하다'가 '주로 후일에 남길 목적으로 어떤 사실을 적다.'라는 뜻이다. ❷는 운동 경기에서 이룬 결과를 나타내는 것이므로 '기록하다'가 '운동 경기 등에서 세운 성적이나 결과를 수치로 나타내다.'라는 뜻이다.

2 제시된 문장에서 '작성하다'는 '서류나 원고 등을 만들다.'라는 뜻으로 사용되었다. 이는 '주로 후일에 남길 목적으로 어떤 사실을 적다.'라는 뜻을 가진 '기록하다'와 바꾸어 쓸 수 있다.

3 ㉠의 '기록하다'는 '주로 후일에 남길 목적으로 어떤 사실을 적다.'의 뜻으로, '쓰다, 적다, 작성하다' 등의 낱말과 뜻이 비슷하다. '살피다'는 '두루두루 주의하여 자세히 보다.'라는 의미로, '관찰하다'와 뜻이 비슷하다.

4 이 글에서는 식물을 '관찰'하고 그 생김새 등을 '기록'하면, 이를 바탕으로 식물의 특징을 알 수 있다고 하였다.

5 민들레의 꽃은 노란색의 작고 길쭉한 꽃잎이 모여 이루어져 있고, 잎은 가장자리가 톱니처럼 뾰족하게 생겼다.

6 ❶은 수첩에 연습 내용을 적는다는 의미이므로 '기록하다'가 ㉠의 뜻으로 사용되었다. ❷와 ❸은 수영의 결과를 시간으로 나타낸 것이므로 '기록하다'가 ㉡의 뜻으로 사용되었다.

7 정우의 수영 기록이 작년보다 얼마나 앞당겨졌는지 알아보려면 작년의 기록에서 올해의 기록을 빼면 된다. 분은 분끼리, 초는 초끼리 계산하면, 정우의 수영 기록은 작년보다 1분 15초 앞당겨졌음을 알 수 있다.

04 일차 생활하다

본문 25~27쪽

정답

1 ((동물) | 물건)

((살아가다) | 살펴보다)

2 ⓒ

3 ②

4 ②

5 필요 / 여가 / 건강

6 ②

7 ③

8 ❶ ((남극) | 북극)

❷ (멀리 떨어져 | (몸을 맞대고))

❸ (비늘 | (깃털))

풀이

1 제시된 문장에서 '생활하다'는 '사람이나 동물이 일정한 환경에서 활동하며 살아가다.'라는 뜻으로 사용되었다.

2 ㉠, ㉢, ㉣의 빈칸에는 '사람이나 동물이 일정한 환경에서 활동하며 살아가다.'라는 뜻의 '생활하다'를 쓰는 것이 자연스럽다. 그러나 ㉡은 식물인 바나나에 대해 말하고 있는 문장으로, '생활하다'를 쓰기에 적절하지 않다. ㉡의 빈칸에는 '열리다' 등과 같은 낱말을 쓸 수 있다.

3 ㉠에서 '생활하다'는 '사람이나 동물이 일정한 환경에서 활동하며 살아가다.'라는 뜻으로 사용되었다. ①은 '따라가다'의 뜻이다.

4 이 글은 우리가 생활하고 있는 다양한 공간이나 장소에 대해 예를 들어 설명하고 있다.

5 공원, 체육관은 놀이나 여가를 즐길 수 있는 장소이고, 시장, 편의점은 생활에 필요한 물건을 살 수 있는 장소이다. 또한 약국, 병원은 건강한 생활에 도움을 주는 장소이다.

6 ㉢이 사용된 문장과 <보기>에서는 사람이나 동물이 일정한 환경에서 활동하며 살아가는 모습을 드러내고 있다. 따라서 빈칸에는 '생활합니다', '활동하며 살아갑니다' 등의 말이 들어갈 수 있다.

7 '두껍다'의 반대되는 낱말은 '얇다'이다.

8 황제펭귄은 남극에서 무리를 지어 생활하며, 추울 때는 서로 몸을 맞대고 생활합니다. 또 황제펭귄의 몸은 추위를 이길 수 있도록 두꺼운 깃털로 덮여 있습니다.

5

05 일차 유지하다

본문 29~31쪽

정답

1 ③	7 ①
2 ②	8 ❶ ㉠
3 ㉠	❷ ㉢
4 ③	❸ ㉡
5 수평	
6 (키 | 몸무게)	
(같은 | 다른)	

풀이

1 제시된 문장에서 '유지하다'는 '어떤 상태나 상황을 그대로 보호하여 남기거나 변함없이 계속하여 지탱하다.'의 의미로 사용되었다. ①은 '변경하다'의 뜻이고, ②는 '가다'의 뜻이다.

2 '유지하다'는 '어떤 상태나 상황을 그대로 보호하여 남기거나 변함없이 계속하여 지탱하다.'라는 뜻으로, '어떤 상태를 오래 계속하다.'의 뜻을 가진 '지속하다'와 뜻이 비슷하다.

3 ㉡과 ㉢의 빈칸에는 '어떤 상태나 상황을 그대로 보호하여 남기거나 변함없이 계속하여 지탱하다.'라는 뜻의 '유지하다'가 들어가기에 적절하다. 하지만 ㉠은 돈의 상태가 달라진다는 의미이므로 '바꾸다', '교환하다' 등의 낱말이 들어가기에 적절하다.

4 '유지하다'는 '어떤 상태나 상황을 그대로 보호하여 남기거나 변함없이 계속하여 지탱하다.'라는 뜻으로, '어떤 상태를 유지하다.'의 뜻이 있는 '잡다'와 바꾸어 쓸 수 있다.

5 이 글은 무게가 같은 두 물체를 통해 수평을 잡는 방법에 대해 설명하고 있다.

6 무게가 같은 두 물체를 받침점에서 양쪽으로 같은 거리에 놓으면 수평을 잡을 수 있으므로, 시소를 탈 때 몸무게가 같은 두 사람이 받침점에서 양쪽으로 같은 거리에 앉아 있으면 수평을 유지할 수 있다.

7 이 글은 우리 몸에서 소금이 하는 역할을 알려 주는 내용으로, ㉡은 사람은 소금이 있어야 계속 살아갈 수 있다는 의미이다.

8 ❸은 소금의 역할에 대해 '놀랍다.'라고 표현하고 있으므로 의견에 해당하며, ❶, ❷는 참과 거짓을 판단할 수 있는 문장이므로 사실에 해당한다.

본문 32쪽

독해 Point 이 글은 3학년 1학기 사회 교과서 내용 중, 지역의 달라진 생활 모습을 살펴보는 글이에요. 지역의 달라진 모습을 조사하는 방법과 지역 사람들의 달라진 생활 모습을 파악하며 읽어 보세요.

1 옛날에는 수원 팔달문 주변에 낮은 건물들이 모여 있었지만, 오늘날에는 팔달문 주변의 모습이 많이 바뀌어 높은 빌딩이나 넓은 도로 등이 생겼습니다. 수원 팔달문은 지금까지
<u>수원 지역의 옛날과 달라진 모습</u>   <u>수원 지역의 옛날과 비슷한 모습</u>
옛날의 모습을 ㉠유지하고 있지만, 주변 모습은 크게 달라진 것입니다. 이와 같이 오늘날 우리가 살고 있는 지역은 옛날과 비슷한 모습도 있고, 달라진 모습도 있습니다.
⇨ 우리가 살고 있는 지역은 옛날과 비슷한 모습도 있고, 달라진 모습도 있습니다.

2 지역의 달라진 모습은 여러 가지 방법으로 조사할 수 있습니다. 지역의 누리집에서 사진
                                        지역의 달라진 모습을 조사하는 방법 ①
이나 영상을 살펴볼 수도 있고, 도서관이나 지역 박물관을 찾아가 책이나 자료를 살펴볼
      지역의 달라진 모습을 조사하는 방법 ②
수도 있습니다. 또한 지역의 어른께 지역에 전하여 내려오는 이야기를 여쭈어볼 수도 있습
            지역의 달라진 모습을 조사하는 방법 ③
니다. 어른께 여쭈어볼 때는 예의를 갖추어 질문하고, 들은 내용은 수첩에 기록합니다.
⇨ 여러 가지 방법을 통해 지역의 달라진 모습을 조사할 수 있습니다.

3 조사한 자료를 정리하면 지역 사람들의 생활 모습이 어떻게 달라졌는지 살펴볼 수 있습
니다. 옛날에는 교통수단이 발달하지 않아서 사람들은 소달구지에 짐을 싣고 걸어 다녔습
                                        옛날의 생활 모습 ①
니다. 반면 오늘날에는 자동차나 기차를 이용하여 많은 짐을 실을 수 있고 빠르게 이동할
                                    오늘날의 생활 모습 ①
수도 있습니다. 또 옛날에는 많은 사람들이 논이나 밭에서 농사를 지으며 생활했지만 요
                                            옛날의 생활 모습 ②
즘에는 회사나 공장에서 일을 하는 사람들이 많아졌습니다.
      오늘날의 생활 모습 ②
⇨ 지역의 달라진 모습을 조사하여 분석하면 지역 사람들의 달라진 생활 모습을 알 수 있습니다.

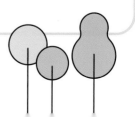

7

1 ❶ Ⓧ
 ❷ Ⓞ
2 ⑤
3 ㉢, ㉣
4 ④

1 ❶ 오늘날 우리가 살고 있는 지역에 수원 팔달문처럼 옛날의 모습을 유지한 곳도 남아 있다.

2 지역의 미래 모습을 상상하여 그린 그림은 실제 모습이 아니므로, 지역의 달라진 모습을 조사하는 방법으로 적절하지 않다.

3 이 글을 통해 옛날에는 농사를 짓거나 걸어 다니는 사람이 많았지만, 오늘날에는 회사나 공장에서 일을 하거나 자동차를 타고 다니는 사람이 많다는 것을 알 수 있다.

4 ㉠의 '유지하다'는 '어떤 상태나 상황을 그대로 보호하여 남기거나 변함없이 계속하여 지탱하다.'라는 뜻이다. ④의 경우, 음식 냄새를 유지하기 위해서가 아니라 없애기 위해 창문을 연다는 의미가 되어야 하므로 '유지하다'를 사용하는 것은 적절하지 않다.

 공부한 서술어를 활용해 말풍선을 완성하세요.

06 일차 덜다

본문 37~39쪽

 정답

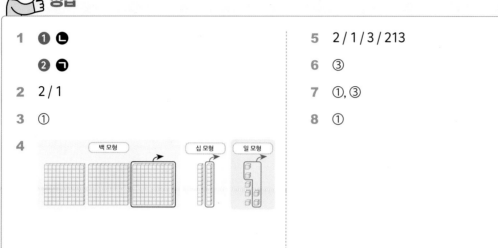

1 ❶ ㉡
  ❷ ㉠

2 2 / 1

3 ①

4

5 2 / 1 / 3 / 213

6 ③

7 ①, ③

8 ①

 풀이

1 ❶은 사탕의 개수를 적게 하는 것이므로 '덜다'가 ㉡의 뜻으로 사용되었다. ❷는 엄마의 일이 적어지도록 하는 것이므로 '덜다'가 ㉠의 뜻으로 사용되었다.

2 <보기>에서 '덜다'는 '일정한 수량이나 정도에서 얼마를 떼어 줄이거나 적게 하다.'의 의미로, 그림을 통해 설명한다면 물의 양이 줄어들도록 나타내야 한다.

3 '전체에서 일부를 제외하거나 덜어 내다.'의 의미를 가진 '빼다'가 비슷한 뜻의 낱말이다.

4 '덜다'는 '일정한 수량이나 정도에서 얼마를 떼어 줄이거나 적게 하다.'라는 의미이므로, 327을 나타내는 수 모형에서 114만큼을 빼도록 표시한다.

5 4번 문제에서 남은 수 모형의 개수를 세거나, 이 문제에 제시된 뺄셈식을 계산하면 어부들이 오전에 잡은 물고기의 수를 구할 수 있다.

6 ㉡에서의 '덜다'는 '행동이나 상태를 적게 하다.'라는 뜻으로, ㉡은 '부담을 적게 할 수 있는 방법'이라고 바꾸어 표현할 수 있다.

7 ㉢에는 환경을 보호할 수 있는 또 다른 방법이 들어가야 한다.

8 이 글은 환경을 보호하는 여러 가지 방법에 대해 예를 들어 설명하고 있다.

타다

본문 41~43쪽

 정답

1 ❶ ㉠
  ❷ ㉡

2 ❶ ㉠
  ❷ ㉡

3 ②

4 낸다 / 판다 / 탄다

5 ⓑ / ⓐ

6 ②

7

꿀	버스	나무
소금	설탕	파도
식초	시소	미숫가루

(칠해진 칸: 꿀, 소금, 설탕, 식초, 미숫가루)

풀이

1 ❶ 바위를 잘 탄다고 하였으므로 '타다'가 ㉠의 뜻으로 사용되었다. ❷ 물에 꿀을 조금 섞는 것이므로 '타다'가 ㉡의 뜻으로 사용되었다.

2 ❶과 ㉠의 '타다'는 '많은 양의 액체에 적은 양의 액체나 가루 등을 넣어 섞다.'라는 뜻으로 사용되었다. ❷와 ㉡의 '타다'는 '도로, 줄, 산, 나무, 바위 등을 밟고 오르거나 그것을 따라 지나가다.'라는 뜻으로 사용되었다.

3 ㉠의 '타다'는 '나무 등을 밟고 오르거나 그것을 따라 지나가다.'라는 뜻이다.

4 딱따구리는 단단한 부리로 나무에 구멍을 내고, 다람쥐는 강한 발톱으로 나무를 잘 탄다. 두더지는 큰 앞발로 땅속에 굴을 파고 산다.

5 ㉡은 그네를 탄다고 하였으므로 ⓑ의 뜻으로 사용되었고, ㉢은 물에 꿀을 탄다고 하였으므로 ⓐ의 뜻으로 사용되었다.

6 단오에는 잘 익은 앵두로 화채를 만들어 먹었다고 하였다.

7 '타다'가 '많은 양의 액체에 적은 양의 액체나 가루 등을 넣어 섞다.'의 뜻으로 사용된 문장이므로, 물에 섞을 수 있는 액체나 가루를 찾아 색칠한다.

08 일차 생기다

본문 45~47쪽

정답

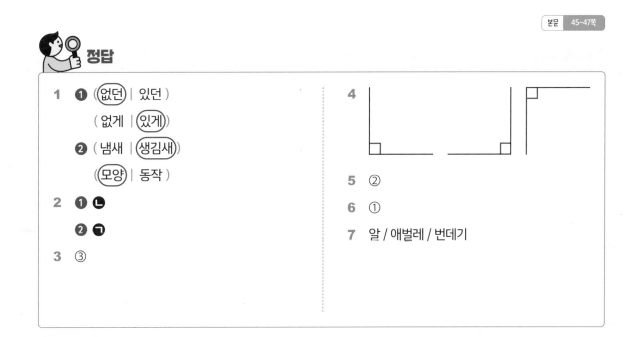

1 ❶ (없던 | 있던)

(없게 | 있게)

❷ (냄새 | 생김새)

(모양 | 동작)

2 ❶ ㉡

❷ ㉠

3 ③

4

5 ②

6 ①

7 알 / 애벌레 / 번데기

풀이

1 ❶은 그동안 없었던 도서관이 새로 지어졌다는 의미로, '생기다'가 '없던 것이 새로 있게 되다.'의 뜻으로 사용되었다. ❷는 동생의 얼굴이 달걀 모양 같다는 의미로, '생기다'가 '사람이나 사물의 생김새가 어떠한 모양으로 되다.'의 뜻으로 사용되었다.

2 ❶과 ㉡의 '생기다'는 '없던 것이 새로 있게 되다.'라는 뜻으로 사용되었고, ❷와 ㉠의 '생기다'는 '사람이나 사물의 생김새가 어떠한 모양으로 되다.'라는 뜻으로 사용되었다.

3 ㉠의 '생기다'는 '없던 것이 새로 있게 되다.'의 의미로, 물체가 어떤 곳에서 있지 않게 된다는 뜻의 '사라지다', '없어지다'가 ㉠과 반대되는 말에 해당한다. ③의 '만들어지다'는 ㉠과 비슷한 의미를 가진다.

4 이 글과 같은 방법으로 각을 만들었을 때 생기는 각은 직각이므로, 그림에서 두 선이 만나 직각을 이루는 곳에 각각 직각 표시를 한다.

5 ㉡은 배추흰나비의 알이 노란 옥수수와 비슷한 모양이라는 의미이므로 '생기다'가 '사람이나 사물의 생김새가 어떠한 모양으로 되다.'의 뜻이다.

6 이 글에서 배추흰나비의 알은 작고 둥근 타원형으로, 노란 옥수수처럼 생겼다고 하였으므로, ①의 생김새와 비슷하다는 것을 알 수 있다.

7 배추흰나비는 알에서 애벌레가 나와 자라고, 번데기가 된 후 번데기에서 어른벌레가 나온다. 이후 어른벌레인 배추흰나비가 다시 알을 낳으며 한살이가 되풀이된다.

편리하다

본문 49~51쪽

 정답

1 ①

2 ❶ ㄴ

　 ❷ ㄱ

　 ❸ ㄴ

　 ❹ ㄱ

3 편리하다

4 ①

5 ③

6 ②

7 ❶ ((쉽게) | 어렵게)

　 ❷ (미끄러진다 | (미끄러지지 않는다))

8 ③

풀이

1 '편리하다'는 '편하고 이로우며 이용하기 쉽다.'의 의미를 가진다. ②는 '활용하다'의 뜻이고, ③은 '불편하다'의 뜻이다.

2 ❶과 ❸은 대상의 불편함에 대해 설명하고 있는 문장이고, ❷와 ❹는 편리함에 대해 설명하고 있는 문장이다.

3 ㉠의 앞부분에서 여러 장소를 상황에 맞게 이용하면 매우 편리하다고 하였다. 따라서 '이처럼' 이후에 이어지는 ㉠에는 '편리하다'가 들어가는 것이 알맞다.

4 지호는 놀이터의 그네가 망가져서 탈 수 없다고 말하며 놀이터에 대해 불편하게 느끼고 있다. 반면에 수지와 승후는 도서관과 횡단보도에 대해 편리하게 느끼고 있다.

5 ③은 학교의 불편한 점을 편리하게 바꾸기 위한 생각이라고 보기 어렵다.

6 '편리하다'는 '편하고 이로우며 이용하기 쉽다.'라는 뜻으로, ②는 돋보기를 사용하면 작은 대상을 크게 볼 수 있어 편하다는 의미이므로 '편리하다'가 적절하게 사용되었다. ①, ③, ④의 쓰임은 적절하지 않으며, '편리하다'의 반대말인 '불편하다'를 사용하는 것이 적절하다.

7 오리발을 신으면 물에서 더 쉽게 헤엄칠 수 있어 편리하고, 등산화를 신으면 등산을 할 때 쉽게 미끄러지지 않아 편리하다.

8 이 글은 오리발이나 등산화처럼 동물의 특징을 이용하여 만든 편리한 생활용품에 대해 설명하고 있다.

본문 53~55쪽

 정답

1	관리한다	6	③
2	ⓛ	7	❶ ㄷ
3	③		❷ ㄹ
4	③		❸ ㄴ
5	①		❹ ㄱ

풀이

1 제시된 문장에서 '유지하다'는 '어떤 상태나 상황을 그대로 보호하여 남기거나 변함없이 계속하여 지탱하다.'라는 뜻으로, '시설이나 물건을 유지하거나, 보완하여 고치는 등의 일을 맡아 하다.'라는 뜻의 '관리하다'와 바꾸어 쓸 수 있다.

2 ⓛ에는 '관람하다'와 같은 낱말이 들어가기에 적절하다.

3 '관리하다'는 '시설이나 물건을 유지하거나, 보완하여 고치는 등의 일을 맡아 하다.'의 뜻을 가진다. ②는 '교대하다'의 뜻에 해당한다.

4 장독 안에 이물질이 들어가지 않도록 해야 하지만, 주기적으로 장독을 열어 장이 잘 익고 있는지 확인해야 한다.

5 이 글은 장독을 관리하는 방법과 이유 등 우리 조상들이 장독을 소중히 관리하였다는 내용을 전달하고 있다.

6 이 글에서 '관리하다'는 '시설이나 물건을 유지하거나, 보완하여 고치는 등의 일을 맡아 하다.'라는 뜻으로, '어떤 상태나 상황을 그대로 보호하여 남기거나 변함없이 계속하여 지탱하다.'라는 의미의 '유지하다'와 뜻이 비슷하다.

7 이 글을 통해 도서관에서는 책을 빌려주고, 경찰서에서는 범죄를 예방하며, 우체국에서는 우편물을 배달하고, 소방서에서는 응급 환자를 구조한다는 것을 알 수 있다.

13

본문 56쪽

독해 Point 이 글은 3학년 1학기 국어 교과서 내용 중, 생활 속 로봇에 대해 살펴보는 글이에요. 생활 속 로봇의 다양한 모습을 살펴보고 로봇과 함께하는 미래에 대한 글쓴이의 의견을 파악하며 읽어 보세요.

❶ 어떤 가게에서는 점원과 로봇이 함께 아이스크림을 만듭니다. 이 로봇은 사람이 해야 할 일을 대신 하면서 사람의 일손을 (덜어)줍니다. 이렇게 사람과 같은 공간에서 사람을 도와 일하는 로봇을 협동 로봇이라고 합니다. 아이스크림뿐만 아니라 어떤 로봇은 농장에서 과일
<u>협동 로봇의 개념</u>
을 따서 담기도 하고, 또 어떤 로봇은 카페에서 사람과 함께 커피를 ⓐ(탑니다)

⇨ 사람과 같은 공간에서 사람을 도와 일하는 협동 로봇이 있습니다.

❷ ㉠우리 주변에는 협동 로봇 외에도 다양한 로봇이 있습니다. ㉡예를 들어 집에서는 로봇 강아지와 함께 생활하기도 하는데, 생김새도 꼭 강아지처럼 (생겼습니다) ㉢또 로봇 청소기
<u>우리 주변의 다양한 로봇의 예 ①</u>
는 집 안을 돌아다니며 바닥을 자동으로 청소를 해 주어 (편리합니다) ㉣사람들이 일자리를
<u>우리 주변의 다양한 로봇의 예 ②</u>
잃게 되고, 로봇이 갑자기 동작을 멈추면 심각한 상황이 일어납니다. ㉤그리고 배달 드론 로봇은 사람이 직접 배달하기 어려운 곳에 물건이나 음식을 대신 배달해 주기도 합니다.
<u>우리 주변의 다양한 로봇의 예 ③</u>

⇨ 우리 주변에는 다양한 로봇이 있습니다.

❸ 로봇 연구자들은 로봇을 지금보다 더 빠르고 정확하게 움직이게 하려고 노력하고 있습
<u>로봇에 대한 연구 내용 ①</u>
니다. 특히 협동 로봇은 사람과 함께 생활하거나 움직이는 경우가 많아, 사람과 부딪히지 않도록 좀 더 안전하게 만들기 위한 연구를 계속하고 있습니다. 로봇을 사용하는 사람들도
<u>로봇에 대한 연구 내용 ②</u>
로봇을 안전하게 활용하기 위해 로봇을 꾸준히 (관리해야) 합니다.

⇨ 로봇 연구자들은 로봇에 대한 다양한 연구를 하고 있습니다.

❹ 로봇에 대한 연구가 계속되면 생활 속 로봇은 더 발전하게 됩니다. 가까운 미래에는 사람의 일을 도와서 함께 하거나, 사람의 일을 대신 해 주는 로봇이 우리 주변에 훨씬 더 많아질 것입니다. 앞으로 훨씬 더 (편리해질)우리의 미래가 기대됩니다.
<u>생활 속 로봇에 대한 글쓴이의 의견</u>

⇨ 생활 속 로봇은 더 발전하여 미래의 우리 생활은 더 편리해질 것입니다.

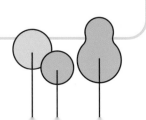

1 ④

2 ④

3 ②

4 로봇 / 편리

---

1 이 글에서 로봇을 안전하게 활용하려면 로봇을 꾸준히 관리해 주어야 한다고 하였다.

2 ❷문단은 사람들의 일손을 도와주는 다양한 로봇에 대해 소개하고 있으므로, 로봇의 부정적 영향을 말하고 있는 ㉣은 문단의 흐름상 적절하지 않다.

3 ⓐ의 '타다'는 '많은 양의 액체에 적은 양의 액체나 가루 등을 넣어 섞다.'의 뜻으로 사용되었으며, 이와 같은 뜻으로 '타다'가 사용된 것은 ②이다. ①과 ⑤의 '타다'는 '도로, 줄, 산, 나무, 바위 등을 밟고 오르거나 그것을 따라 지나가다.'라는 뜻으로 사용되었다. ③과 ④의 '타다'는 '탈것이나 짐승의 등과 같은 곳에 몸을 얹다.'의 뜻으로 사용되었다.

4 이 글에서 글쓴이는 가까운 미래에는 사람의 일을 돕거나 대신 해 주는 로봇이 우리 주변에 훨씬 더 많아져서 우리의 삶이 더 편리해질 것이라고 하였다.

 공부한 서술어를 활용해 말풍선을 완성하세요.

급하다

본문 61~63쪽

 정답

1 ❶ ㉡	5 ③
❷ ㉠	6 ③
2 ❶ **㉡**	7 ((가파르다) | 완만하다)
❷ **㉠**	(느리다 | (빠르다))
3 ②	8 ②
4 ③	

풀이

1 ❶은 산의 경사에 대한 내용으로 '급하다'가 '기울기나 경사가 가파르다.'라는 뜻으로 사용되었다. ❷는 성격에 대한 내용으로 '급하다'가 '성격이 팔팔하여 참을성이 없다.'라는 뜻으로 사용되었다.

2 ❶은 성격이 급하다는 내용으로, 반대되는 말은 '마음에 흡족하여 여유가 있고 넉넉하다.'라는 뜻의 '느긋하다' 이다. ❷는 경사가 급하다는 내용으로, 반대되는 말은 '경사가 급하지 않다.'라는 뜻의 '완만하다'이다.

3 ㉠은 성격이 급하다고 하였으므로 '급하다'가 '성격이 팔팔하여 참을성이 없다.'의 뜻으로 사용되었다. 이 뜻에 반대되는 말은 '마음에 흡족하여 여유가 있고 넉넉하다.'라는 뜻의 '느긋하다'이다.

4 두 까마귀는 물병을 발견했지만, 물병의 주둥이가 좁아 부리가 들어가지 않아서 물을 마시지 못했다.

5 ㉮의 까마귀는 물병을 밀었지만 물병이 기울어지지 않자 바로 그곳을 떠나며 성급하게 행동하였다. 반면 <보기>의 까마귀는 포기하지 않고 물을 마실 수 있는 방법을 차분하게 생각한 뒤 이를 행동으로 옮겼다.

6 ㉡은 산이나 언덕의 경사가 가파르다는 의미로, ③의 모습과 유사하다.

7 '급하다'는 '기울기나 경사가 가파르다.'의 뜻으로 사용되기도 하고, '강의 물살이 급해서 건너기 어렵다.'와 같은 문장에서 '물결 등의 흐름이나 진행 속도가 매우 빠르다.'의 뜻으로 사용되기도 한다.

8 산양은 추운 고산 지대에 살고 있어, 추운 날씨를 견딜 수 있는 두꺼운 털로 몸이 덮여 있다.

구하다

본문 65~67쪽

 정답

1 ❶ (보다 | (찾다))	5 ((믹서기) | 전자렌지)
❷ ((벗어나게) | 살아가게)	((갈았다는) | 익혔다는)
2 구했다	6 ⓒ / ⓛ
3 ①	7 3 / 2 / 4 / 1
4 ②	

풀이

1 ❶은 필요한 물건을 구했다는 의미로, '구하다'가 '필요한 것을 찾다. 또는 그렇게 하여 얻다.'의 뜻으로 사용되었다. ❷는 위태로운 상황에서 나라를 구하려고 했다는 의미로, '구하다'가 '위태롭거나 어려운 상황에서 벗어나게 하다.'의 뜻으로 사용되었다.

2 제시된 문장에서 '찾다'는 현재 주변에 없는 것을 얻었다는 의미이므로, '필요한 것을 찾다. 또는 그렇게 하여 얻다.'의 뜻을 가진 '구하다'와 바꾸어 쓸 수 있다.

3 ⓘ은 '필요한 것을 찾다. 또는 그렇게 하여 얻다.'의 의미로 사용되었다. ②와 ③은 '구하다'가 ⓘ과 같은 뜻으로 사용되었지만, ①의 '구하다'는 '위태롭거나 어려운 상황에서 벗어나게 하다.'의 뜻으로 사용되었다.

4 오래된 물건을 살펴보면 그 물건을 사용하던 당시 사람들의 생활 모습을 짐작해 볼 수 있다.

5 맷돌은 오늘날처럼 믹서기가 널리 사용되지 않았을 때 곡식을 갈기 위해 사용했던 도구이다.

6 ⓛ은 위험에 처한 상황에서 벗어나게 해 준다는 의미이므로 '위태롭거나 어려운 상황에서 벗어나게 하다.'의 뜻에 해당한다. ⓒ은 필요한 것을 찾아 얻는다는 의미이므로 '필요한 것을 찾다. 또는 그렇게 하여 얻다.'의 뜻에 해당한다.

7 반달곰은 처음 만난 너구리에게 먹을 것을 가져다준다. 하지만 너구리는 그 뒤 반달곰을 여러 번 골탕 먹였고, 구덩이에 빠지는 위험에 처한다. 그 상황에서 너구리는 반달곰에게 용서를 빌고, 반달곰은 너구리를 구덩이에서 꺼내 준다.

본뜨다

본문 69~71쪽

 정답

1 (원래 없던 | **이미 있는**)

   (**그대로 따라** | 다르게 바꾸어)

2 ②

3 ①

4 ②

5 ①

6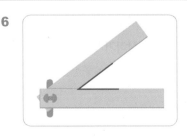

7 ①

8 본떴습니다

9 ③

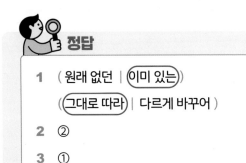 **풀이**

1 '본뜨다'는 '이미 있는 대상을 본으로 삼아 그대로 따라 만들다.'라는 뜻을 가진 낱말이다.

2 '본뜨다'는 '본떠', '본뜨니'와 같이 쓸 수 있으며, 제시된 문장에서는 '본떠서'와 같이 쓰는 것이 적절하다.

3 이 글은 'ㄱ, ㄴ, ㅁ, ㅅ, ㅇ'이 소리가 나오는 곳의 모양을 그대로 따라 만들었다고 하면서 'ㅁ'과 'ㅇ'을 예로 들고 있다. 따라서 빈칸에는 '본뜨다', '모방하다'와 같은 말이 들어가야 한다.

4 ㉠은 삼각자의 세 각을 본으로 삼아 그대로 따라 만들어 보라는 의미이다.

5 각은 한 점에서 그은 두 반직선으로 이루어진 도형으로, 삼각자에는 세 꼭짓점을 중심으로 세 개의 각이 있다. 따라서 삼각자의 세 각을 바르게 본뜬 것은 ①이다.

6 접자는 접었다 폈다 할 수 있게 만든 자이다. 그림 속 접자가 벌어진 곳에는 한 점에서 그은 두 반직선으로 이루어진 각이 만들어져 있다. 따라서 각이 생긴 곳을 그대로 따라 그려서 각을 본뜬다.

7 배추흰나비의 알은 옥수수의 모양을 따라 만든 것이 아니라 서로 생김새가 비슷한 것이므로 '닮았다'라고 표현하는 것이 적절하다.

8 ㉡은 이 글에 사용된 낱말 중 '본뜨다'와 뜻이 비슷하므로, '본떴습니다'와 같이 바꾸어 쓸 수 있다.

9 이 글에 제시된 사진으로 볼 때 네덜란드의 의자는 튤립 모양을 본떠서 만든 것임을 알 수 있다.

본문 73~75쪽

 정답

1 (똑같지만 | (똑같지는 않지만))

(다른 | (일치하는))

2 ㉠

3 ②

4 (숨다 | (트다)) ((자라다) | 자르다)

(솟다 | (피다)) (매다 | (맺다))

5 ②

6 ①

7 ④

8 ③

풀이

1 제시된 문장에서 '비슷하다'는 '두 개의 대상이 크기, 모양, 상태, 성질 등이 똑같지는 않지만 전체적 또는 부분적으로 일치하는 점이 많은 상태에 있다.'라는 뜻이다.

2 ㉡~㉣은 두 대상이 서로 유사하다는 의미의 '비슷하다'를 사용할 수 있다. 하지만 ㉠은 문장에 하나의 대상만 나와 있어서 '비슷하다'를 사용할 경우 문장이 자연스럽지 않다.

3 ㉠에서 '비슷하다'는 '두 개의 대상이 크기, 모양, 상태, 성질 등이 똑같지는 않지만 전체적 또는 부분적으로 일치하는 점이 많은 상태에 있다.'라는 뜻이므로, ㉠은 두 식물의 한살이 과정 중 일치하는 부분이 많다는 의미이다.

4 벼는 볍씨에서 싹이 튼 뒤 잎과 줄기가 자란다. 그리고 꽃을 피우고 열매를 맺어 다시 씨를 만드는 한살이의 과정을 거친다.

5 벼는 한살이의 과정을 한 해 안에 거친 뒤 죽지만, 사과나무는 여러 해를 살면서 한살이의 과정을 되풀이한다.

6 '맵다'와 '매콤하다'는 뜻이 비슷한 낱말로, 둘 다 매운맛을 표현한다.

7 '편리하다'는 '편하고 이로우며 이용하기 쉽다.'라는 뜻이고, '불편하다'는 '어떤 것을 사용하거나 이용하는 것이 거북하거나 괴롭다.'라는 뜻으로 두 낱말은 뜻이 서로 반대되는 낱말이다.

8 '불그스름하다'는 '조금 붉다.'의 의미를 가지고 있으며, '불그스레하다'와 뜻이 비슷하다.

본문 77~79쪽

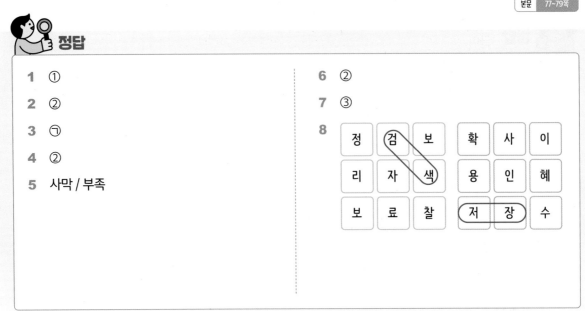

정답

1 ①

2 ②

3 ㉠

4 ②

5 사막 / 부족

6 ②

7 ③

8
정	검	보	확	사	이
리	자	색	용	인	혜
보	료	찰	저	장	수

풀이

1 '저장하다'는 '물건을 모아서 잘 보호하거나 보관하다.'의 의미를 가진 낱말이다. ②는 '숨기다'의 뜻에 해당하고, ③은 '정리하다'의 뜻에 해당한다.

2 '저장하다'는 '물건을 모아서 잘 보호하거나 보관하다.'라는 뜻으로, '만약의 경우를 대비하여 미리 갖추어 모아 두거나 저축하다.'라는 뜻의 '비축하다'와 바꾸어 쓸 수 있다.

3 '저장하다'는 '물건을 모아서 잘 보호하거나 보관하다.'라는 뜻이다. ㉠은 씨에서 싹이 나게 하려는 것이므로 '심다'를 쓰는 것이 적절하다.

4 ㉠은 '물건을 모아서 잘 보호하거나 보관하다.'라는 뜻의 '저장하다'와 같이 바꾸어 쓸 수 있다.

5 이 글은 물이 부족한 사막에 사는 식물의 생김새와 생활 방식을 설명하고 있다.

6 선인장과 알로에는 물에 부족한 환경에 견딜 수 있도록 물을 저장해 두는 특성이 있다.

7 ㉡에서 '저장하다'는 '물건을 모아서 잘 보호하거나 보관하다.'라는 뜻이다. 이때 '저장하다'가 디지털 기기와 관련하여 쓰일 때는 파일을 컴퓨터 등의 기기에 보관한다는 의미이다.

8 지역의 달라진 모습과 관련하여 사진 자료가 필요할 때는 인터넷에서 사진을 '검색'하고, 살펴본 사진 중 필요한 사진을 '저장'한다.

※ '마포 강변 빨래터(1962년)' 사진 출처: 서울역사편찬원

오늘 나의 학습을 평가해 보세요.

공부한 내용을 잘 이해했나요?

부족함　　　　보통　　　　잘함

본문 80쪽

독해 Point 이 글은 3학년 1학기 과학 교과서 내용 중, 동물의 생활과 특징에 대해 살펴보는 글이에요. 환경에 따라 동물의 생김새나 특징이 어떻게 다른지, 이를 본떠 만든 생활용품에는 무엇이 있는지 파악하며 읽어 보세요.

1 　동물은 숲, 강이나 바다, 고산 지대, 사막, 극지방 등 다양한 환경에서 살아갑니다. 그리고
동물이 살아가는 다양한 환경
동물의 생김새와 생활 방식은 사는 곳의 환경과 관련되어 있습니다. 고산 지대는 춥고 경사

가 급합니다. 이곳에 사는 눈표범은 추위를 이길 수 있도록 털이 두껍고, 경사가 급한 곳

도 잘 올라갈 수 있도록 다리 근육이 발달하였습니다.

⇨ 동물의 생김새와 생활 방식은 동물이 살고 있는 다양한 환경과 관련되어 있습니다.

2 　사막과 같이 살기 어려운 곳에도 동물이 살고 있습니다. 무덥고 비가 잘 오지 않는 사막
사막의 특징
에서는 물이나 먹이를 구하려면 멀리까지 가야 하는 경우가 많습니다. 이곳에 사는 낙타는

혹에 지방을 저장합니다. 그래서 오랫동안 물과 먹이가 없이도 생활할 수 있습니다. 또 사
낙타의 생김새와 특징
막여우는 큰 귀로 열을 내보내서 사막의 뜨거운 기온에서도 적응하여 살아갑니다.
　　　　사막여우의 생김새와 특징
⇨ 사막과 같이 살기 어려운 곳에도 동물이 살고 있습니다.

3 　사람들은 이런 동물의 독특한 생김새나 특징을 이용하여 생활에 필요한 것을 만들기도

합니다. 기중기의 집게는 독수리의 발톱 모양과 　ㄱ　. 독수리의 발톱은 날카롭고
　　동물의 특징을 본뜬 생활용품의 예 ①
구부러져 있어서 먹이를 움켜쥐면 놓치지 않는데, 기중기의 집게도 이러한 모양을 본떠서

물건을 잘 집어 올리도록 만들어졌습니다.

⇨ 동물의 생김새나 특징을 이용하여 기중기와 같이 생활에 필요한 것을 만들기도 합니다.

4 　상어의 피부를 본떠서 만든 전신 수영복도 있습니다. 상어의 피부에는 바닷속에서 마찰
　　동물의 특징을 본뜬 생활용품의 예 ②
을 줄여 주는 돌기가 있습니다. 이 수영복의 표면도 상어의 피부와 비슷하여 빠르게 헤엄

치는 데 도움이 됩니다. 이와 같이 동물은 사는 곳에 따라 다양한 특징이 있고, 이러한 특

징을 이용하면 편리한 생활용품을 만들 수 있습니다.

⇨ 동물의 특징을 이용하여 전신 수영복과 같이 편리한 생활용품을 만들기도 합니다.

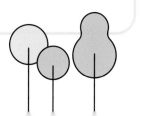

1 **❶** ◯ **❷** ◯ **❸** ✕

2 (급하다 | 완만하다) (낮다 | 높다)

   (온다 | 오지 않는다)

   (물 | 열)

3 ②

4 비슷합니다

---

1 **❸** 같은 환경에서 사는 동물은 생활 방식이나 특징이 비슷할 수 있지만, 낙타와 사막여우의 예에서 알 수 있듯이 각 동물에 따라 생김새와 생활 방식이 다르다.

2 고산 지대는 춥고 경사가 급하다. 사막은 비가 잘 오지 않고 기온이 높으며, 사막여우는 큰 귀로 열을 내보낸다.

3 상어의 피부에 있는 돌기가 빠르게 헤엄치는 데 도움을 주기 때문에 이를 본떠 전신 수영복을 만든 것이다.

4 '두 개의 대상이 크기, 모양, 상태, 성질 등이 똑같지는 않지만 전체적 또는 부분적으로 일치하는 점이 많은 상태에 있다.'를 뜻하는 낱말은 '비슷하다'로, 기중기의 집게는 독수리의 발톱 모양과 비슷하다.

공부한 서술어를 활용해 말풍선을 완성하세요.

뽑히다

본문 85~87쪽

정답

1 ②

2 ❶ ㉡
   ❷ ㉠
   ❸ ㉠

3 ②

4 ❶ (**뽑다** | 뽑히다)
      (뽑다 | **뽑히다**)
   ❷ (**열다** | 열리다)
      (열다 | **열리다**)

5 ①

6 ①

7 2025년 5월 12일 월요일 / 오늘 /
   일주일 / 지난주 / 내일

8
풀	뿌리	대표
나무	못	회장
발표자	주인공	선수

풀이

1 첫 번째 문장에는 '여럿 가운데에서 골라지다.'의 뜻을 가진 '뽑히다'가, 두 번째 문장에는 '박힌 것이 잡아당겨져 빼내지다.'의 뜻을 가진 '뽑히다'가 들어가기에 적절하다.

2 ❶의 '뽑히다'는 '박힌 것이 잡아당겨져 빼내지다.'의 뜻으로, ❷와 ❸의 '뽑히다'는 '여럿 가운데에서 골라지다.'의 뜻으로 사용되었다.

3 ㉠은 '박힌 것이 잡아당겨져 빼내지다.'의 뜻으로, '빠지다'와 바꾸어 쓸 수 있다.

4 ❶에서 '뽑다'는 문장에서 '못을 뽑다'와 같이 사용되고, '뽑히다'는 '못이 뽑히다'와 같이 사용된다. ❷에서 '열다'는 '병뚜껑을 열다'와 같이 사용되고, '열리다'는 '병뚜껑이 열리다'와 같이 사용된다.

5 이 글을 통해 지레는 작은 힘으로 무거운 물체를 들어 올려야 할 때 사용하는 도구임을 알 수 있다.

6 여러 친구들 중 '나'가 안전 도우미가 되었다는 의미로, ㉡의 '뽑히다'는 '여럿 가운데에서 골라지다.'의 뜻으로 사용되었다.

7 이 글은 일기로, 여러 시간 표현이 사용되고 있다.

8 제시된 문장에서 '뽑히다'는 '나'가 '여럿 가운데에서 골라지다.'의 의미로 사용되고 있으므로, 빈칸에는 사람에게 주어지는 자격이 들어가는 것이 적절하다.

본문 89~91쪽

정답

1 ②

2 ❶ㄴ
   ❷ㄱ
   ❸ㄱ

3 ①

4 ③

5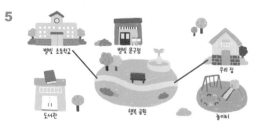
   방빛 초등학교 방빛 문구점 우리 집
   도서관 행복 공원 놀이터

6 ①

7 (뚫려 | (싸여)) (깔려 | (덮여))
   (나뉨 | (바뀜)) (나을 | (낳을))

풀이

1 첫 번째 문장에는 '오가는 도중에 어디를 지나거나 들르다.'를 뜻하는 '거치다'가 들어가야 하고, 두 번째 문장에는 '어떤 과정이나 단계를 겪거나 밟다.'를 뜻하는 '거치다'가 들어가야 한다.

2 ❶은 기차가 대구를 지나서 부산으로 간다는 뜻이므로 '거치다'가 ㄴ의 뜻으로 사용되었다. ❷는 고쳐쓰기의 과정을, ❸은 소방차가 출동하는 과정을 나타내므로 '거치다'가 ㄱ의 뜻으로 사용되었다.

3 ㉠은 '오가는 도중에 어디를 지나거나 들르다.'의 뜻으로 ②, ③과 바꾸어 쓰기에 적절하다.

4 이 글을 통해 심상지도는 특정한 장소를 더 강조하여 그릴 수 있음을 알 수 있다.

5 세연이는 학교에서 공원을 거쳐 집으로 간다고 하였으므로, 이 내용이 드러나도록 선을 잇는다.

6 동물의 한살이는 동물이 태어나서 성장하는 과정을 말하는 것으로, '한살이를 거친다.'라는 것은 ①의 '어떤 과정이나 단계를 겪거나 밟다.'라는 의미이다.

7 단단한 껍데기에 싸여 있는 알에서 병아리가 태어난다. 병아리는 처음에는 솜털로 덮여 있지만, 솜털이 깃털로 바뀌며 자란다. 다 자란 암탉은 알을 낳을 수 있다.

18 일차

헤아리다

오늘 나의 학습을 평가해 보세요.

공부한 내용을 잘 이해했나요?

😞 — 🙁 — 😐 — 🙂 — 😄
부족함   보통   잘함

본문 93~95쪽

 정답

1	헤아리다	5	④
2	❶ ㉡	6	①
	❷ ㉠	7	③
3	①		
4	❶ 3 / 6 / 9		
	❷ 369		

풀이

1 제시된 문장에서 '세다'는 '수량을 세다.'의 의미를 가진 '헤아리다'와 뜻이 비슷하여 바꾸어 쓸 수 있다.

2 ❶은 마음을 미루어 짐작한다는 의미이므로 '헤아리다'가 ㉡의 뜻으로 사용되었고, ❷는 상자에 담긴 공의 개수를 센다는 의미이므로 '헤아리다'가 ㉠의 뜻으로 사용되었다.

3 ㉠은 수 모형의 개수를 센다는 의미이므로 '세어 봅니다'로 바꾸어 쓸 수 있다.

4 은우네 밭에서 하루 동안 수확한 고구마의 수를 구하려면 오전에 수확한 고구마의 수와 오후에 수확한 고구마의 수를 더하면 된다. 이때 각 자리의 수 모형 개수를 더하는 방식으로 답을 구할 수 있다.

5 ㉡과 ④의 '헤아리다'는 '짐작하여 가늠하거나 미루어 생각하다.'의 뜻으로 사용되었다. ①~③의 '헤아리다'는 '수량을 세다.'의 뜻으로 사용되었다.

6 ①은 친구의 마음을 헤아려 보는 것이 아니라, 자신이 쓴 글을 전해 주는 상황을 떠올려 본 것이다.

7 마음을 전하는 글은 받을 사람에게 쓸 내용을 물어보는 것이 아니라, 받을 사람의 마음을 헤아려 자신의 마음을 담아 써야 한다.

활용하다

본문 **97~99쪽**

정답

1	①	5	①
2	③	6	④
3	ⓒ	7	①
4	②	8	③

풀이

1 '활용하다'는 '도구나 물건 등을 충분히 잘 이용하다.'라는 뜻이다. ②는 '관찰하다', ③은 '공유하다'의 의미를 나타낸다.

2 '활용하다'는 '대상을 필요에 따라 이롭게 쓰다.'라는 뜻의 '이용하다'와 바꾸어 쓸 수 있다.

3 '활용하다'는 '도구나 물건 등을 충분히 잘 이용하다.'라는 뜻으로, ㉠, ㉡, ㉣의 빈칸에 넣어 사용하기에 적절하다. 하지만 ㉢은 문장의 흐름상 '확인하다'와 같은 낱말을 쓰는 것이 적절하다.

4 이 글에서 자료를 활용한다는 것은 과거의 모습을 살펴볼 수 있도록 관련된 자료를 찾아 잘 이용한다는 의미이다.

5 햄버거는 외국에서 들여온 음식으로, 사람들이 햄버거 매장을 많이 찾은 것은 새로운 음식에 대한 관심 때문이다. 과거에 외국으로 여행을 다녀온 사람이 많았는지는 이 자료를 통해 알 수 없다.

6 '활용하다'는 '도구나 물건 등을 충분히 잘 이용하다.'라는 뜻으로, '쓰다'나, '사용하다', 또는 '이용하다'와 바꾸어 쓸 수 있다.

7 상황에 알맞은 표정과 몸짓, 목소리와 말투를 활용하면 상대방의 마음을 알고 배려할 수 있고, 자신의 생각도 잘 표현할 수 있다.

8 그림 속 상황은 넘어져서 다친 친구에게 하는 말이므로 안타까워하며 걱정하는 말투를 활용하여 말하면 자신의 마음을 더 잘 전달할 수 있다.

본문 101~103쪽

정답

1	②	5	①
2	③	6	②
3	③	7	찾아봅니다
4	②	8	①

풀이

1 '검색하다'는 '책이나 컴퓨터에서, 목적에 따라 필요한 자료들을 찾아내다.'라는 뜻이다. ①은 '확인하다'의 뜻이다.

2 두 문장은 정보를 얻기 위해 컴퓨터를 활용하고 있으므로 '검색하다', '살펴보다', '찾아보다' 등의 낱말을 쓸 수 있다. ③의 '지정하다'는 '가리키어 확실하게 정하다.' 등의 뜻으로 빈칸에 들어가기에 적절하지 않다.

3 '검색하다'는 '책이나 컴퓨터에서, 목적에 따라 필요한 자료들을 찾아내다.'라는 뜻으로, ①, ②와 같이 사용할 수 있다. ③은 그림을 카메라로 '찍다', '촬영하다' 등의 낱말을 사용하는 것이 적절하다.

4 '검색하다'는 '책이나 컴퓨터에서, 목적에 따라 필요한 자료들을 찾아내다.'의 뜻으로, ㉠은 누리집에서 살펴보고 싶은 장소의 사진이나 영상을 찾아본다는 의미이다.

5 검색창에 찾고 싶은 장소의 이름이나 주소를 입력하고 돋보기 단추를 누르는 것은 '검색하다'라는 낱말로 나타낼 수 있다.

6 ②는 우리가 사는 곳을 살펴볼 수 있는 방법으로 보기 어렵다.

7 ㉡의 '검색합니다'는 '도서관에서 책을 찾아봅니다.'의 '찾아봅니다'로 바꾸어 쓸 수 있다.

8 도서 검색대에서는 책 제목뿐만 아니라 글쓴이나 출판사 등으로도 책을 검색할 수 있다.

독해 Point 이 글은 3학년 1학기 국어 교과서 내용 중, 발표에 대해 살펴보는 글이에요. 발표 준비와 발표 예절에 대해 이해하며 읽어 보세요.

1 발표는 자신의 생각이나 자신이 알게 된 내용을 정리하여 다른 사람들에게 말하는 활동
<u>발표의 의미</u>
입니다. 우리는 발표하면서 다른 사람과 소통할 수 있고, 자신감을 키울 수 있습니다. 또 발

표를 준비하거나 다른 사람의 발표를 들으면서 새로운 내용을 배울 수도 있습니다.

⇨ 발표는 정리한 내용을 다른 사람들에게 말하는 활동으로, 여러 가지 좋은 점이 있습니다.

2 발표 준비는 어떤 과정을 (거칠까요)? 우선 발표 주제를 정합니다. 주제를 정할 때 자신이
<u>발표 준비 과정 ①</u>
잘 알고 있거나 흥미 있는 내용으로 선택하면 발표를 더 즐겁게 준비할 수 있습니다. 주제

를 정했다면 책이나 인터넷을 (활용하여) 자료를 찾아봅니다. 인터넷에서 자료를 (검색하여)
<u>발표 준비 과정 ②</u>
찾았다면, 그 내용이 믿을 만한 내용인지 확인해 보아야 합니다. 그리고 조사한 자료를 바

탕으로 발표 내용을 정리합니다.
<u>발표 준비 과정 ③</u>
⇨ 주제를 정하고 자료를 찾아 정리하며 발표를 준비합니다.

3 발표 시간에는 발표 예절을 잘 지켜야 합니다. 다른 친구가 발표를 하고 있다면 자신의

차례가 될 때까지 기다려야 합니다. 그리고 자신이 발표자로 ㉠(뽑히거나), 발표할 차례가
<u>발표를 할 때 지켜야 할 예절 ①</u>
되었다면 준비한 내용을 발표합니다. 발표를 할 때에는 바른 자세로 서서 친구들이 잘 알
<u>발표를 할 때 지켜야 할 예절 ②</u>
아들을 수 있도록 알맞은 크기의 목소리로 발표합니다.

⇨ 발표를 할 때에는 지켜야 할 예절이 있습니다.

4 발표를 듣는 사람은 발표하는 친구의 말을 주의 깊게 들어야 합니다. 혹시 친구의 발표
<u>발표를 들을 때 지켜야 할 예절 ①</u>
내용 중 이해가 잘 되지 않는 부분이 있거나 궁금한 부분이 있다면, 친구가 속상하지 않도

록 친구의 마음을 (헤아려) 질문합니다. 이와 같이 서로를 배려하며 모두가 행복해지는 발표
<u>발표를 들을 때 지켜야 할 예절 ②</u>
를 하도록 합시다.

⇨ 발표를 들을 때에도 지켜야 할 예절이 있습니다.

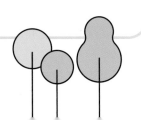

1 ㉰

2 2 / 3 / 1

3 ④

4 배려 / 발표 예절

1 ㉰ 발표를 들을 때 모르는 내용이 있다면 친구의 마음을 헤아려 질문할 수 있다.

2 발표를 준비하는 과정에서는 먼저 주제를 정하고, 책이나 인터넷으로 자료를 찾아본 뒤, 찾은 자료를 정리한다.

3 ㉠은 '여럿 가운데에서 골라지다.'라는 뜻으로, ④의 '뽑히다' 역시 ㉠과 같은 뜻으로 사용되었다. ①, ②, ③, ⑤의 '뽑히다'는 '박힌 것이 잡아당겨져 빼내지다.'라는 뜻이다.

4 이 글에서 글쓴이는 발표 예절을 잘 지키고, 서로를 배려하여 모두가 행복해지는 발표를 하자고 하였다.

공부한 서술어를 활용해 말풍선을 완성하세요.

인터넷에서 자료를 검색하여 찾아봅니다.

궁금한 부분은 친구의 마음을 헤아려 질문합니다.

본문 106~107쪽

1회

○ 맞힌 개수 　　 / 15개

1 ⓛ	2 ①	3 ⓒ
4 ❷	5 ❶	6 (덜었다)
7 (거쳐)	8 (헤아려야)	9 ②
10 ③	11 ②	12 급하다
13 활용하다	14 유지하다	
15 ① 생기다 ❷ 기록하다		

1 '본뜨다'의 뜻에 해당한다.

2 '싣다'의 뜻에 해당한다.

3 '관리하다'의 뜻에 해당한다.

4 ❷은 '생기다'의 뜻에 해당한다.

5 ❶은 '기록하다'의 뜻에 해당한다.

6 밥이 너무 많아 적게 하려는 것이므로 '덜다'를 사용한다.

7 오가는 도중에 어디를 지나거나 들를 때 '거치다'를 사용한다.

8 마음을 짐작하여 가늠하거나 미루어 생각할 때 '헤아리다'를 사용한다.

9 '식초를 조금 탄다.'에서 '타다'는 '많은 다량의 액체에 적은 소량의 액체나 가루 등을 넣어 섞다.'의 뜻으로, '섞다'와 바꾸어 쓸 수 있다.

10 첫 번째 문장은 '박힌 것이 잡아당겨져 빼내지다.'라는 뜻의 '뽑히다'를 쓸 수 있고, 두 번째 문장은 '여럿 가운데에서 골라지다.'라는 뜻의 '뽑히다'를 쓸 수 있다.

11 ①, ③의 '구하다'는 '필요한 것을 찾다. 또는 그렇게 하여 얻다.'의 뜻으로 사용되었지만, ②의 '구하다'는 '위태롭거나 어려운 상황에서 벗어나게 하다.'의 뜻으로 사용되었다.

12 경사가 가파르다는 뜻이므로 '급하다'를 사용한다.

13 물건을 충분히 잘 이용한다는 뜻이므로 '활용하다'를 사용한다.

14 깨끗한 상태를 그대로 보존하거나 지탱한다는 뜻이므로 '유지하다'를 사용한다.

15 세로 ①은 없던 것이 새로 있게 된다는 뜻이므로 '생기다'가 들어가는 것이 적절하다. 가로 ❷는 기억할 내용을 후일에 남길 목적으로 공책에 적는다는 뜻이므로 '기록하다'가 들어가는 것이 적절하다.

2회

○ 맞힌 개수 / 15개

1 ㉡	2 ㉠	3 ㉣
4 ㉢	5 ㉤	6 ㉠
7 ③	8 ③	9 뽑혔다
10 본떴다	11 ①	12 ②, ③
13 ②	14 헤아리다	15 검색하다

1 '덜다'는 '어떤 행위나 상태를 적게 하다.'라는 뜻이다.

2 '생기다'는 '없던 것이 새로 있게 되다.'라는 뜻이다.

3 '저장하다'는 '물건을 모아서 잘 보호하거나 보관하다.'라는 뜻이다.

4 '활용하다'는 '도구나 물건 등을 충분히 잘 이용하다.'라는 뜻이다.

5 성격이 참을성이 없다는 뜻이므로 '급하다'가 ㉤의 뜻으로 사용되었다.

6 경사가 가파르다는 뜻이므로 '급하다'가 ㉠의 뜻으로 사용되었다.

7 문장의 앞부분은 시설이 갖추어져 이용하기에 편하고 쉽다는 것이므로 '편리하다'를 사용하는 것이 적절하다. 뒷부분은 기구가 낡아 편하지 않다는 것이므로 '불편하다'를 사용하는 것이 적절하다.

8 ①과 ②의 '싣다'는 '물체나 사람을 옮기기 위하여 탈것, 수레, 짐승의 등과 같은 곳에 에 올리다.'의 뜻으로 사용되었으나, ③의 '싣다'는 '글, 그림, 사진 등을 책이나 신문 등의 출판물에 내다.'의 뜻으로 사용되었다.

9 잡초의 줄기가 외부의 힘에 의해 빼내진 것이므로 '뽑히다'를 사용하는 것이 적절하다.

10 삼각자를 놓고 그대로 따라 그렸다는 뜻이므로 '본뜨다'를 사용하는 것이 적절하다.

11 '생활하다'는 '사람이나 동물이 일정한 환경에서 활동하며 살아가다.'라는 뜻이다. ②는 '없다'의 뜻에 해당하며, ③은 '관리하다'의 뜻에 해당한다.

12 두 동물의 공통점에 대해 말하는 것이므로 '비슷하다', '유사하다'와 같은 낱말을 사용하는 것이 적절하디.

13 ② '거치다'는 '오가는 도중에 어디를 지나거나 들르다.', 혹은 '어떤 과정이나 단계를 겪거나 밟다.'라는 뜻으로 이 문장에 사용하기에는 적절하지 않다. 물건이 가로질러 걸렸을 때는 '걸치다'라고 쓰는 것이 알맞다.

14 귤의 개수를 세는 것이므로 '헤아리다'를 사용하는 것이 적절하다.

15 누리집에서 정보를 찾는 것이므로 '검색하다'를 사용하는 것이 적절하다.

31

본문 110~111쪽

3회

○ 맞힌 개수   / 15개

1	헤아리다	**2**	기록하다	**3**	검색하다
4	유지하다	**5**	①	**6**	③
7	○	**8**	㉠	**9**	㉡
10	㉣	**11**	㉠	**12**	㉢
13	②	**14**	① 생활하다 ❷ 활용하다		

15 생겼습니다 / 편리했습니다 / 비슷했지만

---

1 '헤아리다'의 뜻에 해당한다.

2 '기록하다'의 뜻에 해당한다.

3 '검색하다'의 뜻에 해당한다.

4 '유지하다'의 뜻에 해당한다.

5 위태롭거나 어려운 상황에서 벗어나게 한다는 의미이므로 '살리다'와 바꾸어 쓸 수 있다.

6 이미 있는 대상을 본으로 삼아 그대로 따라 만든다는 의미이므로 '모방하다'와 바꾸어 쓸 수 있다.

7 대전을 가는 중에 천안을 지나거나 들르는 것이므로 '거치다'가 ○의 뜻으로 사용되었다.

8 한살이의 과정을 의미하는 것이므로 '거치다'가 ㉠의 뜻으로 사용되었다.

9 걱정이 줄었다는 의미이므로 '덜다'가 적절하다.

10 창고에 보관한다는 의미이므로 '저장하다'가 적절하다.

11 분유 가루를 물에 섞는다는 의미이므로 '타다'가 적절하다.

12 마음을 알려 준다는 의미이므로 '전하다'가 적절하다.

13 제시된 문장에서 '급하다'는 '기울기나 경사가 가파르다.'라는 뜻으로, 반대되는 낱말은 '경사가 급하지 않다.'라는 뜻의 '완만하다'이다.

14 세로 ①은 붕어가 강이나 호수에서 산다는 의미이므로 '생활하다'가 적절하다. 가로 ❷는 발표할 때 매체 자료를 이용한다는 의미이므로 '활용하다'가 적절하다.

15 옛날에 사용했던 토큰은 동전처럼 생겼다. 토큰을 사용하면 거스름돈을 받지 않아도 되어 편리했고, 버스를 탈 때 돈 대신 낼 수 있다는 점은 돈과 비슷했다.